Claudia Filker (Hg.)

Mit dem Wind im Rücken

Mutmachgeschichten für Frauen

neukirchener
aussaat

Der Beitrag „Von Menschen und Fröschen" ist ein Auszug aus Ingrid
Ebert: „Hammer, Kreuz und Schreibmaschine" © 2001 SCM Collection
im SCM-Verlag GmbH & Co KG, Witten.

Der Beitrag „ZuMUTungen" ist übernommen aus
Publik-Forum EXTRA „Lebensträume", Oberursel 2002, dort erschienen
unter der Überschrift „Man ist ein Faden auf dem Webstuhl des Lebens".

Bibliografische Information der Deutschen Nationalbibliothek

Die Deutsche Nationalbibliothek verzeichnet diese Publikation in der
Deutschen Nationalbibliografie; detaillierte bibliografische Daten sind im
Internet über http://dnb.d-nb.de abrufbar.

6. Auflage 2010

© 2003 Neukirchener Verlagsgesellschaft mbH, Neukirchen-Vluyn
Alle Rechte vorbehalten
Umschlaggestaltung: Andreas Sonnhüter, Düsseldorf
unter Verwendung eines Bildes von © von diego_vervo/iStockphoto
DTP: Breklumer Print-Service, Breklum
Verwendete Schrift: AGaramond
Gesamtherstellung: Fuck-Druck, Koblenz
Printed in Germany
ISBN 978-3-7615-5298-8

www.neukirchener-verlage.de

INHALT

Mut gibt's nicht auf Vorrat – Eine Einführung

Claudia Filker (45) ist Theologin, Mutter von sechs Kindern, Autorin und Referentin, engagiert in der Arbeit der Berliner Stadtmission.

Ich stand oben auf dem Fünfer-Sprungturm. Jetzt musste ich nur allen Mut zusammennehmen und springen – mit dem Kopf zuerst. Aber das war der entscheidende Punkt: mit dem Kopf zuerst! Harmlose Fußsprünge lagen ja schon reichlich hinter mir. Aber kopfüber aus fünf Metern Höhe? Machen, was nur diese halbstarken Kerle machen?

„Wenn du einen Kopfsprung vom Fünfer machst, lade ich dich zur Pizza ein." Ausgerechnet der junge Mann, in den ich mich unsterblich verliebt hatte, stellte mir einen Abend mit ihm, nur mit ihm, bei Kerzenschein und Pizza in Aussicht. Du musst nur springen, kopfüber und gegen die Angst.

Mut kennt die Angst. Seit langem liegt ein Stein auf meiner Fensterbank: „Nur wer die Angst kennt, kann auch mutig sein" – halbverblasst ist es noch zu lesen.

Man muss sich im Leben nicht alles beweisen. Ein Kopfsprung vom hohen Sprungturm hätte mich nicht die Bohne interessiert, wenn nicht ... Tja, genau, da ist dieses „Wenn nicht". Hinter der Ecke der Verzagtheit, der Angst lockt doch etwas, das es zu entdecken gilt. Es wird uns wirklich Neues, es werden Früchte, Gewinne in Aussicht gestellt. Diese Erfahrung machen wir doch unser ganzes Leben lang:

Wenn ich jetzt nicht um dieses Gespräch bitte, habe ich keine Chance, dass sich ein belastender Konflikt klärt.

Wenn ich die Bewerbung nicht losschicke, klebe ich noch in zehn Jahren auf diesem Stuhl und bin ewig unzufrieden.

Wenn ich die Einladung, einen Vortrag zu halten, wieder absage, werde ich nie erfahren, ob ich so etwas kann.

Vor dem Entdecken der neuen Möglichkeiten oder der Lösung eines Problems steht der Mut. Ich weiß eben nicht genau, wer oder was hinter der besagten Ecke lauert. Wüsste ich's, bräuchte ich keinen Mut. Zum Mut gesellt sich in der Regel das Risiko. Denn es kann sehr wohl sein, dass ich all meinen Mut zusammennehme, Bauchschmerzen und schlaflose Nächte riskiere und am Ende feststelle:

Das Gespräch hat den Konflikt nicht gelöst, sondern zum Eskalieren gebracht.

Ich wurde tatsächlich zum Bewerbungsgespräch eingeladen, aber eine andere Kandidatin wurde genommen.

Die Reaktionen auf den gehaltenen Vortrag waren doch sehr verhalten ...

Mut gewinnt nicht immer, aber mutlose Menschen verlieren viel.

Ob ich damals gesprungen bin? Was hätten Sie denn gemacht?

Ich bin gesprungen. Ich sag Ihnen, dieser Sprung gehört noch heute zu meinen „Was-ich-mich-mal-getraut-habe-Geschichten", aber noch viel besser: Er brachte mich vor allem mit dem jungen Mann meiner Träume an einen Tisch.

Dem Mut folgt oft die Veränderung: neue Erfahrungen, neue Beziehungen, ein verändertes Selbstbild. Und die Kehrseite: Mutlosigkeit führt zur Stagnation.

Dieses Buch erzählt Mut-Geschichten, keine Heldinnengeschichten. Nicht jede dieser Lebensgeschichten muss Ihre Geschichte werden, denn der Mut muss zu uns passen, und ich kann vieles aufzählen, was ich mir ganz getrost und gelassen als neue Mut-Frucht erspare. Unsere Tochter bekam von ihrem Ehemann zu ihrem ersten Hochzeitstag eine Fesselballonfahrt geschenkt. Mit solch einem Geschenk hätte ich meinen Mann ganz sicher zum Umtausch geschickt. Und als sie nach gelungenem Flug von den wunderbaren Aussichten schwärmte, sagte ich: „Wie toll!", und dachte: „Nein, danke!"

Zugegeben, bei der einen oder anderen Geschichte, die Sie in diesem Buch finden, blieb auch mir beim Lesen der Mund vor Bewunderung oder Verblüffung fast offen stehen. Aber Sie wissen ja, dann kommen die Fliegen, wir verschlucken uns, kriegen eine Erkältung und werden am Ende noch mutloser, weil wir uns wieder einmal vergleichen. Und nichts vertreibt den Mut schneller und energischer als das Vergleichen und der Neid. Frauen erzählen in diesem Buch *ihre* Geschichte, die unserem Leben vielleicht ganz fern ist: Wer ist schon Nonne und kämpft mit Unerschrockenheit gegen den Sextourismus? Wer hat mit 13 1/2 sein erstes Kind bekommen und mutig weiter die Schulbank gedrückt? Wir können solche Geschichten als exotische Nachtlektüre genießen oder als die Geschichte einer Frau, die zupackt und die Aufgaben, die vor ihren Füßen liegen, anpackt. Die entscheidende Herausforderung für Ihr und mein Leben heißt doch: Was ist für *mich* dran, welche Herausforderungen liegen vor *mir*?

Der Mut gibt sich nicht ab („Ist halt so", „Da kann man doch nichts machen", „Ich doch nicht"), und der Mut gibt auch nicht so schnell auf. Deshalb brauchen wir zu dem Mut des ersten Schrittes, diesem Ruck, den wir uns oft geben müssen, auch den Langmut, den langen Mut, der sich nicht so schnell entmutigen lässt. Lassen Sie sich zu beidem durch dieses Buch inspirieren!

Von Menschen und Fröschen – Mut im DDR-Alltag

Ingrid Ebert (54), Autorin, Mutter von vier Kindern, war Redakteurin verschiedener Zeitungen in der Lausitz.

Eiskalte Hände. Sie zittern leicht. Ich spüre einen unangenehmen Druck in der Magengrube. Deutlicher gesagt: Kotzübel ist mir an diesem Freitagabend im Januar 1992.

Kommt jetzt alles wieder hoch? Jahrelang geschluckt und nie verdaut.

Schritte hallen in der Dunkelheit, verlieren sich mit dem Abstand.

Ich sitze an der Schreibmaschine und versuche, das Geschehene festzuhalten. Vielleicht finde ich so eine Möglichkeit, damit umzugehen. Ich hatte unerwarteten Besuch. Er ist wieder gegangen. Die Wohnungstür ist hinter ihm ins Schloss gefallen. Geöffnet aber hat sich eine andere Tür, eine Tür in die Vergangenheit. Ist die Vergangenheit vielleicht gar nicht vergangen?

Es klingelt. Wie hätte ich ahnen können, wer vor der Tür steht?

Ich öffne und stehe einem Mann gegenüber. Mitte fünfzig. Graues Haar. Er trägt einen hellen Trenchcoat.

Staatssicherheitsdienst, durchfährt es mich wie ein Blitz.

Unsinn. Das ist vorbei. Gott sei Dank! Trotzdem bleibt das ungute Gefühl in der Magengegend.

„Erinnern Sie sich an mich?", fragt der Herr vor der Tür. „Ich war Ihr Schuldirektor." Es dämmert. Natürlich, F. Was will er? Fünfundzwanzig Jahre nach dem Abitur. Um ihm nicht zu begegnen, war ich zu keinem Klassentreffen mehr gegangen. Als greife er den Faden meiner Gedanken auf, sagt er: „Ich habe da etwas aus meiner Vergangenheit zu klären. Darf ich hereinkommen?"

„Treten Sie ein", höre ich mich sagen. Warum sage ich nicht:

„Nein!"? Manche Leute holt man sich nicht in die eigenen vier Wände. Ich höre mich sagen: „Nehmen Sie doch Platz." Dabei will ich diesen Mann nicht an meinem Tisch haben. Warum ist er in meine Gegenwart gekommen? Ich warte.

Er, zögerlich: „Mir wird da eine Geschichte vorgeworfen. Meine Arbeit als Lehrer hängt davon ab."

Also unterrichtet er noch immer, denke ich. Seit dreißig Jahren drückt dieser Mann jungen Menschen seinen Stempel auf. Erst Schulinstruktor der SED-Kreisleitung, dann Schuldirektor der Erweiterten Oberschule. Der aufstrebende Funktionär der 60er Jahre hält auch im vereinten Deutschland die Kreide in der Hand. Für den Funktionär funktioniert die Welt wie gehabt. Welchen Klassenstandpunkt hat er wohl jetzt eingenommen? Ich frage ihn nicht. Mein Hals ist zugeschnürt. Ich muss nicht fragen. Ich weiß doch: Menschen wie er passen sich gefügig in jedes System ein. Hatte ich je die Illusion, er hätte nach der Wende Rückgrat gezeigt und wäre freiwillig aus dem Schuldienst gegangen? Mein Herz pocht stark gegen die Stimmbänder.

Was hatte mir eine ehemalige Kommilitonin, Mitarbeiterin beim Berliner Rundfunk, unmittelbar nach der Wiedervereinigung Deutschlands etwas verbittert in einem Brief geschrieben? „Du wirst ja jetzt gute Berufschancen haben. Du als Christin und Redakteurin einer CDU-Zeitung stehst ja auf der Seite der Sieger." Ich wusste ihr nichts darauf zu antworten, außer, dass Karrieremacher wohl immer Karriere machen und unbequeme Menschen in jeder Gesellschaftsform unbequem sind. Und dass Funktionäre funktionieren. So einfach ist das.

Er habe einen Fragebogen ausfüllen müssen, sagt F. in meine Gedanken hinein. Ob unter seiner Leitung Schülern oder Lehrern Steine in den Weg gelegt worden seien, ob Menschen unter seiner Leitung Schaden erlitten hätten. Er habe dies mit gutem Gewissen verneint. Aber jetzt werde ihm da eine Geschichte mit einer Schülerin vorgehalten. Diese Schülerin soll ich gewesen sein. Er könne sich allerdings an gar nichts erinnern.

Peng! Wie einen Gummiball unter Wasser habe ich die Erinnerung an die Schulzeit niedergedrückt. Nicht mehr daran denken. Einen Strich unter die Vergangenheit ziehen. Fertig, erledigt. Aus und vorbei. Dachte ich.

Jetzt schnellt der Ball an die Oberfläche. Mit aller Gewalt. Peng! Die Hände kann ich unter der Tischkante verstecken. Wie bekomme ich die Stimme in den Griff?

„Ich kann mich sehr gut erinnern", sage ich leise. „Sehr gut. An jedes Detail. Ich habe damals alles aufgeschrieben. Ich habe die Tagebücher noch. Alles steht da drin. Nichts ist vergessen."

„Sie sollen sich geweigert haben, Frösche zu sezieren", sagt F.

Die Froschgeschichte. In den Akten steht sie also. Die Biologiestunde mit all ihren Folgen. Für mich. Und jetzt, fast drei Jahrzehnte später, mit Folgen für ihn, für den Schuldirektor. Ein Akt später Gerechtigkeit?

„Ich habe mich nicht geweigert, Frösche zu sezieren. Es war anders", sage ich.

Alles war anders.

9. September 1966: Biologie in der 12. Klasse. Narkotisierte Frösche unter scharfen Seziermessern. Nicht alle der an den Teichen eingefangenen Tiere werden in dieser Stunde zum Objekt wissenschaftlicher Begierde. Ein paar bleiben übrig, erwachen aus der Narkose. „Die schlagen wir tot", ruft ein Schüler. Schon greift sich einer einen Frosch und schlägt ihn hart gegen die Tischkante. Der Frosch ist zäh. Er zappelt. „Wir können sie doch zurückbringen!", rufe ich. „Sie zu töten ist doch unsinnig. Hört auf!"

Einer der Frösche fliegt quer durch das Klassenzimmer. Die Jungen machen sich einen Spaß, werfen ihn wie einen Ball hin und her. „Hört auf! Ihr seid Sadisten!", rufe ich. „Ihr redet immer davon, wieso die damals so brutal waren, die Männer im Krieg. Ihr seid doch auch nicht anders. Ihr seid brutal! Lasst doch die Tiere leben!"

Keiner der grasgrünen Tümpelfrösche überlebt diese Stunde.

Mir vermasselt der Zwischenfall beinahe das Abitur.

Nur wenige Tage sind nötig, da ist er Gesprächsthema in der Kreisleitung der SED. Die Mutter einer Schülerin, Mitarbeiterin des

Rates der Stadt, hat den Vorfall gemeldet. Ich soll während des Unterrichts behauptet haben, man werde an der Erweiterten Oberschule zum Krieg erzogen. Damit würde ich nicht länger an eine Erweiterte Oberschule gehören.

Aus dem Zwischenfall wird ein Fall. Über Nacht werde ich zum Störenfried, Provokateur, Saboteur, Querulant, eine Gefahr für die Gesellschaft.

In der Schule kocht die Gerüchteküche. Mitschüler erklären sich zu meinen Gegnern. Sie distanzieren sich vom Klassenfeind.

Schulverweise aus politischen Gründen gehören zum sozialistischen Schulalltag. Ich will die Reifeprüfung absolvieren. Wenn ich jetzt von der Schule fliege, bedeutet das: lebenslänglich ohne Abitur.

Ich will das Abitur. Und ich will der Schulleitung nichts in die Hand geben, woraus sie mir einen Strick drehen könnte. Jeder weiß doch, wie schnell das geht. 1962 waren Oberschüler aus Anklam gegen den Kurs der SED aufgetreten. Mit aller Härte wurde gegen sie vorgegangen. Der Wortlaut des „Anklam-Beschlusses" des Politbüros der SED ist mir nicht bekannt. Aber ich bin sicher, man wird ihn durchsetzen. Man wird alles tun, um „Reste bürgerlich-liberaler Denkweisen unter Lehrern und Schülern der Oberschule zu unterdrücken". Wer mit seiner Haltung nicht mit der Linie der Partei übereinstimmt, hat kein Abitur zu beanspruchen.

Ich will nicht mit einem 8. Klasse-Abschluss durchs Leben gehen wie Christian, der Sohn des Superintendenten. Er hat 1964 die Erweiterte Oberschule ohne Abitur verlassen.

Er hatte zugegeben den „Hetzsender" RIAS zu hören. Er weigerte sich zu heucheln. Er verweigerte die Unterschrift, als sich alle verpflichteten, keine „Feindsender" zu hören. Er meinte, man müsse sich allseitig informieren, um sich eine eigene Meinung zu bilden. Das war zu gefährlich. Die Schule bildet Meinung. Außerdem verweigerte Christian jeden Morgen aufs Neue konsequent den FDJ-Gruß „Freundschaft". „Ich bin nicht Mitglied dieser Jugendorganisation." Schulleiter F. gegenüber argumentierte er: „Ich sage doch auch nicht ›Grüß Gott‹ zu Ihnen. Warum können wir uns nicht einfach einen Guten Morgen wünschen?" Diese Provokation ließ sich die Schule nicht gefallen. Er musste gehen. Ohne Abitur. Er hat die Linie verlassen, auf der wir uns alle zu bewegen haben.

(Erst drei Jahrzehnte später sollten wir uns wieder sehen, Christian und ich. Es war im Sommer 1990, als er überraschend bei mir zu Hause auftauchte. Auch er stand eines Abends unerwartet vor der Tür, wie heute F. Im Gegensatz dazu aber war es eine gute Begegnung. Christian erzählte viel von sich. Theologie hat er studiert. Er wurde Assistent für Kirchengeschichte und arbeitete jetzt am Institut für deutsche Geschichte der Akademie der Wissenschaften. Wir redeten lange über die gemeinsame Schulzeit. Trotz allen Widerstandes ist er seinen Weg gegangen. Oder wegen des Widerstandes?)

Leute mit Mut und Charakter sind den anderen Leuten immer unheimlich.
Hermann Hesse

1966 stehe ich ungewollt im Fokus. Der Konflikt spitzt sich zu. Inzwischen liegt der Frosch-Fall der SED-Bezirksleitung vor. „Wir können gar nicht mehr zurück", sagt der Vorsitzende der FDJ-Grundorganisationsleitung (GOL) eines Tages zu mir. „Der Fall hat schon zu weite Kreise gezogen."

Rausschmiss? Nach elf Schuljahren einen 8. Klasse-Abschluss? Nacht für Nacht plagen mich Albträume:

Ich stehe im Foyer eines großen Hauses. Es ist mit dunklem Holz getäfelt. Eine Treppe führt zu den oberen Räumen. Man sagt mir, ich müsse hier sein, weil ich wahnsinnig sei. Das bringt mich in Wut. Ich will alle vom Gegenteil überzeugen. Ich packe jeden, der auf mich zukommt, am Hals, schüttle ihn mit aller Kraft und schreie: „Ich bin nicht wahnsinnig! Ich bin nicht wahnsinnig!" Ich schüttle ihn, bis er tot vor mir niedersinkt. So erwürge ich einen nach dem anderen. Ich bin entsetzt über mich selbst. Immer, wenn ich einen Menschen getötet habe, kommt ein anderer und sagt: „Sie ist wahnsinnig. Wahnsinnig." „Nein, das bin ich nicht!", schreie ich, und schon würge ich den nächsten. Überall im Foyer liegen Tote. Plötzlich ergreift mich ein Grauen. Was habe ich getan? Das wollte ich nicht. Ich bin verzweifelt. Und sehr einsam.

In einer außerordentlichen FDJ-Mitgliederversammlung soll die Entscheidung fallen. Wahrscheinlich ist sie längst gefallen und es soll demokratisches Herangehen vorgegaukelt werden.

Ich habe furchtbare Angst. Ich bete. Ich suche Hilfe in der Bibel. Ich blättere wahllos. Da bleiben meine Augen an einem Satz hängen: „Ihr sollt euch nicht fürchten noch zagen vor diesem großen Haufen; denn ihr streitet nicht, sondern Gott." Das unterstreiche ich dick, schreibe mir die Bibelstelle in den Buchdeckel: 2. Chronik 20,15. Die Taschenbibel verschwindet in der Schulmappe. Dieser eine Satz, ich spreche ihn immer wieder vor mich hin, wird mein Beistand sein. Ich will mich nicht fürchten. Nicht vor diesem Haufen.

Die Klasse hat sich versammelt. Vorn stehen der Schuldirektor, der Klassenlehrer und der Biologielehrer. Hinter uns sitzen Lehrer, Eltern, der Sekretär für Agitation und Propaganda der SED-Kreisleitung, der Abteilungsleiter für Jugendfragen und Sport vom Rat des Kreises, ein Vertreter der Gesellschaft für Sport und Technik. Sie alle sind gekommen, um der „Gerichtsverhandlung" beizuwohnen.

Der GOL-Vorsitzende liest die Anklagepunkte vor. Ich bin zu aufgeregt, um etwas zu verstehen.

Schüler sagen aus. Vorurteile. Verurteilungen. Lügen. Ich weiß nicht, warum sie lügen. „Sie liest prinzipiell keine sowjetische Literatur!"

„Sie lehnt es ab, sich sowjetische Filme anzusehen!"

„Sie ist ein Gegner des Landes Lenins."

„Sie hetzt offen gegen die Sowjetunion!"

„Sie hat sich auf dem Schulhof staatsfeindlich geäußert!"

„Sie ist ein Gegner der Nationalen Volksarmee!"

„Sie ist Pazifist!"

Pazifist – sie sprechen dieses Wort wie ein Schimpfwort aus. Warum werde ich hier gnadenlos ans Messer geliefert? Was habe ich ihnen getan?

Längst geht es nicht mehr um den Vorfall im Biologieunterricht. Es geht nicht darum, ob man die Frösche zurück zu den Teichen hätte bringen sollen. Es geht nicht um die Ehrfurcht vor dem Leben. Es ist noch nie darum gegangen. Nur um eines geht es hier: Der Klassenfeind ist vom revolutionären Kern der Klasse zu trennen. Ich stehe im Kreuzverhör. Armee, Verteidigung, NATO, Bollwerk für den Frieden, Angriff ist die beste Verteidigung, Pazifismus schadet der Sache, die Sowjetunion ist ruhmreich, der Arbeiter-und-Bauern-Staat in Gefahr, der Klassenfeind gefährlich aktiv.

Der Klassenfeind. Er manifestiert sich in dieser Nachmittagsstunde in einer Person. In meiner Person. Ich bin ein Feind der Arbeiterklasse. Beistand erwarte ich nicht. Ich weiß, wie viel Mut dazu gehört, sich so kurz vor dem Abitur auf die Seite eines Geächteten zu stellen. Alle wollen das Abitur. Aber ist es nötig, dass sie mir so in den Rücken fallen?

Das Netz wird enger gezogen.

Ich habe zu erklären, wie ich mich zur Nationalen Volksarmee stelle, zum Frieden, ob der bewaffnet sein müsse, zum gerechten Krieg, zur Sicherheit durch Aufrüstung.

„Selig sind die Friedensstifter", denke ich und sage, dass Gewalt bisher nur immer wieder neue Gewalt hervorgebracht habe, nie aber wirkliche Lösungen. Durch Krieg könne kein Frieden werden. Ich fühle, dass es eine Gratwanderung ist, auf die ich mich begebe. Ich habe Angst abzustürzen. Ich will die 12. Klasse abschließen. Ich will aber auch nicht mein Gesicht verlieren, will mich auch nach dieser Versammlung im Spiegel anschauen können ohne Verachtung.

Der SED-Sekretär für Agitation und Propaganda mischt sich in die Diskussion. Er fragt: „Wenn jetzt hier die Tür aufgeht, und einer kommt herein, bis zu den Zähnen bewaffnet, und bedroht die Klasse, Ihre Kameraden. Würden Sie ihn erschießen oder würden Sie tatenlos zusehen, wie Ihre Kameraden getötet werden?"

Lauernd schaut er mich an. Im Klassenraum ist es totenstill.

Was will er mit dieser Frage erreichen? Ich bin ein Mädchen. Gott sei Dank stellt sich für mich die Frage des Wehrdienstes nicht. Warum ist ihm meine Meinung wichtig?

„Würden Sie schießen?"

Ich schrecke aus meinen Gedanken auf. Was sage ich?

„Ich kann mir eine solche Situation jetzt nur schwer vorstellen", weiche ich vorsichtig aus, „aber wenn ich Leben retten könnte, und ich hätte den Mut dazu, ich würde Leben retten wollen."

„Jede andere Antwort hätte dich das Abitur gekostet", sagt mein Vater später. Die Frage des SED-Funktionärs sei die entscheidende Frage in jener Versammlung gewesen. Er weiß das aus der Parteiversammlung.

Ich komme mit einem blauen Auge, sprich, mit einer Rüge vor dem Fahnenappell davon. Zwei Schritte muss ich nach vorn treten am Samstag nach der letzten Schulstunde. Über mir weht die Fahne mit Hammer, Zirkel, Ährenkranz. Es ist 12 Uhr. Die Sirene auf dem Dach des Feuerwehrgerätehauses heult wie jeden Samstag laut auf. Am liebsten möchte auch ich heulen. Ich presse die Zähne gegen die Zunge. Es ist 12 Uhr und eine Minute. Ich bin gebrandmarkt. Ich trete in die Reihe der Klasse zurück. Eigentlich aber stehe ich noch immer draußen. Keiner will durch unnötige Kontakte mit mir seiner persönlichen Zukunft schaden.

Nur der Biologielehrer wagt es. Einzig er. Ihm hätte ich das am allerwenigsten zugetraut. Er bedauert in der nächsten Biologiestunde, dass sein Unterricht Ausgangspunkt gewesen sei für diesen „Vorfall". Weiß er, was er mit dieser Äußerung aufs Spiel setzt? Er hätte es mir doch auch unter vier Augen sagen können. Er nimmt vor versammelter Klasse die Schuld dafür auf sich. Er hätte die Unterrichtsstunde besser im Griff haben sollen, sagt er. Es sei seine Verantwortung gewesen. Er bittet mich, sein Versagen zu entschuldigen. Ist er verrückt?

Wer hat ihn verpfiffen? Im neuen Schuljahr ist er nicht mehr Lehrer der Erweiterten Oberschule.

Der Mann, der den Berg abtrug, war derselbe, der damit angefangen hatte, kleine Steine wegzutragen. aus China

Ich konfrontiere meinen ehemaligen Schuldirektor mit der Frosch-Geschichte. Er zuckt mit den Schultern. „Ich kann mich gar nicht an einen solchen Vorfall erinnern." Er habe ja auch immerzu studiert damals. Vielleicht sei er gar nicht anwesend gewesen.

„Sie waren anwesend", sage ich. „Sie haben mir die Rüge erteilt."

„Wir waren doch alle so lustig", setzt F. meinen Worten entgegen. „Wir haben uns doch alle gut verstanden, damals. Es war eine schöne Zeit."

15

„Ja, für Sie", sage ich, und ich spüre die Wut in mir.

Aufgeregt hole ich mein Reifezeugnis aus der Schublade, lege den Finger auf das Blatt, lese ihm erregt vor, was er damals, am 1. Juli 1967, unterschrieben hat: „Sie ist ehrlich und kritisch, und dies kommt auch bei politischen Diskussionen zum Ausdruck. Hier müsste sie als Arbeiterkind mehr im Sinne unseres Staates wirken."

Die Rüge vor dem Fahnenappell und dieser Satz im Reifezeugnis, dazu die Weisung, ich solle in die Produktion gehen, um mir einen Klassenstandpunkt zu erarbeiten, um mich zu bewähren – er habe doch wissen müssen, dass er mir damit den Weg zum Psychologie-Studium verbaute, ja, zu jedem Studium verbaute. Und dass die Schule meine Bewerbungen um einen Studienplatz erst gar nicht weitergeleitet hat, das könne er doch nicht vergessen haben.

„Ich kann mich nicht erinnern", sagt F. und zuckt mit den Schultern. Er blinzelt nervös hinter den Brillengläsern. Seine Pupillen haben sich zu einem winzigen Punkt verengt. Er schiebt mein Zeugnis mit seiner Unterschrift zur Seite. Und so unerwartet, wie er gekommen ist, sagt er jetzt, er müsse gehen. Ich halte ihn nicht auf.

Als sich die Tür hinter ihm schließt, fällt mir ein, dass ich ihn nicht an den April 1970 erinnert habe, an die Kreistagssitzung und daran, dass er mich damals angezeigt hat bei der Abteilung Inneres des Rates des Kreises wegen „verbotener kirchlicher Propaganda". Ob er das auch vergessen hat?

Ich hätte ihm wenigstens ein Wort mit auf den Weg in die Nacht geben sollen. Bei einem französischen Philosophen fand ich es: „Vom ethischen Standpunkt aus bin ich für alles verantwortlich, worauf ich einwirken kann. Nur für dieses, aber für dieses alles."

Raus aus Zwang und Angst –
Der Weg aus der Sekte

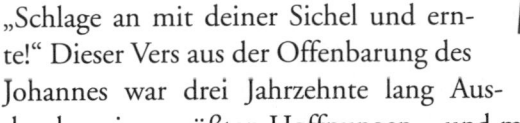

*Elke Berlak (40), Krankenschwester und
Mutter von zwei Kindern, lebt in Berlin.*

„Schlage an mit deiner Sichel und ern-
te!" Dieser Vers aus der Offenbarung des
Johannes war drei Jahrzehnte lang Aus-
druck meiner größten Hoffnungen – und meiner tiefsten Ängste.

Ich war Erstling und Überwinder, Braut Christi, versiegelt an
meiner Stirn: Ich war neuapostolisch. Für die einen ist die Neuapostolische Kirche oder NAK eine harmlose Sondergemeinschaft, für
die anderen eine klassische Sekte, fundamentalistisch und endzeit-
lich. Für die neuapostolischen Gläubigen ist sie die Schlusskirche
Christi, die unmittelbare Fortsetzung der Urkirche. Durch sie und
nur durch sie allein kann das von Jesus begonnene Erlösungswerk
vollendet werden.

Für mich war die Neuapostolische Kirche meine Heimat. Ich
wurde hineingeboren, wie fast alle 430 000 deutschen Mitglieder –
nicht verführt, nicht bekehrt, ich bin hineingewachsen. Das Glaubensgebäude der NAK war meine Realität. Und es sollte dreißig Jahre dauern, bis ich den Mut fand, diese Heimat zu verlassen und mich
aufzumachen zu neuen Ufern.

Was ist so besonders an der NAK? Was unterscheidet sie von anderen Glaubensgemeinschaften? Ein kurzer Blick auf die Geschichte
macht es verständlich.

Die Anfänge der NAK liegen in einer charismatischen Erweck-
ungsbewegung im England des 19. Jahrhunderts. Gläubige Männer
kamen zusammen, um zu beten und vor allem, um die apokalypti-
schen Schriften zu lesen. Sie gelangten zu der Überzeugung, dass die
Endzeit angebrochen sei und dass ihnen die Aufgabe zufalle, die Kir-

che der Endzeit aufzubauen. Wie damals bei den ersten Christen müsse es wieder Apostel geben, die die zerstreute Christenheit einen und das Werk des Herrn zur Vollendung führen. So kam es zu Apostelberufungen, die katholisch-apostolischen Gemeinden entstanden. Berufen wurden die Apostel durch „Propheten" – zunächst nur zwölf, denn man ging davon aus, dass Jesus noch zu ihren Lebzeiten wiederkommen werde.

Als die ersten Apostel starben, ohne dass Jesus gekommen war, geriet die Gemeinschaft in eine Krise. Die Frage, ob neue Apostel berufen werden sollten, führte zu harten Kontroversen, in deren Folge es zu Spaltungen kam. In Deutschland etablierte sich die „Neuapostolische Gemeinde", später „Neuapostolische Kirche". Sie berief neue Apostel und schuf das Amt des Stammapostels. Der Stammapostel gilt als „Repräsentant des Herrn auf der Erde". Er ist in allen Angelegenheiten oberste Instanz und hat über die Reinheit des Glaubens zu wachen.

Das galt damals und gilt heute noch.

Sonntag für Sonntag kommen die Gemeinden zusammen, um für die baldige Wiederkunft Jesu zu beten. Dem Gottesdienst kommt in der neuapostolischen Glaubenslehre eine zentrale Bedeutung zu. Hier, nur hier, ist die „Stätte, wo sich der Herr uns offenbart". Die Bibel ist nur ein Bericht, Gottes Wort wird den Gläubigen durch die Apostel und seine Gesandten, die Amtsträger, im Gottesdienst verkündet. Die Gläubigen in der Kirchenbank verstehen Gottes Wort nur dann, wenn der Priester am Altar es ihnen erklärt. In der Bibel wird selten gelesen. Die Amtsträger sind ausschließlich Laien und natürlich immer Männer. Frauen singen im Chor, schmücken den Altar, versorgen Haushalt und Kinder und halten im Übrigen ihren Männern den Rücken frei.

Als neuapostolisches Kind wurde ich früh in die Pflicht genommen. Vieles galt es zu beachten. Zu meiner Zeit waren Fernsehen, Kino und Theater noch verboten. Neuapostolische Kinder dürfen auch heute noch nicht Karneval feiern („In der Verkleidung erkennt dich der liebe Herr Jesus nicht"), Klassenfahrten sind problematisch, weil Gottesdienste versäumt werden; Vereine jeder Art werden gemieden. Überhaupt soll der Kontakt zur „Welt" gering gehalten werden, denn „wir sind zwar in der Welt, aber nicht von der Welt". Interessant, wie WELT buchstabiert wird: Wehe, Elend, Leid und Tod.

Die ersten bewussten Schritte ins Glaubensleben machte ich in der Sonntagsschule. Nach dem Gottesdienst kamen die Kinder noch zusammen und lasen im „Guten Hirten". Immer wieder hörten wir, wie wichtig es sei nachzufolgen – nicht Jesus, nein, den Aposteln, die auch in unserem Kinderleben eine zentrale Rolle einnahmen. Wie die Erwachsenen wurden wir angehalten, dafür zu beten, dass Gott bald vollenden möge, mit seiner Sichel anschlagen und ernten. Selbstverständlich sehnte auch ich die baldige Wiederkunft Jesu herbei, auch ich wollte erlöst und bei Gott sein. Trotzdem begleitete stets ein unbehagliches Gefühl meine Gebete, bedeutete es doch, dass mein Leben bald zu Ende sein sollte. Ein unnatürlicher Wunsch für ein Kind und vielleicht eine Quelle der wiederkehrender Depressionen und Selbstmordgedanken, die mein Leben lange Zeit begleiten sollten.

Eine zweite wichtige Aufgabe kam uns Kindern zu: die Mission. Gott würde erst dann vollenden und uns zu sich nehmen, wenn die vorbestimmte Zahl an Gläubigen erreicht wäre. Es galt „die letzte Seele um Mitternacht" zu finden. Vielleicht war mein Banknachbar in der Schule diese letzte Seele? Freudig sollten wir jedem von unserem wunderbaren Glauben erzählen und in die Gottesdienste einladen. Das war mir nun doch zu peinlich und ich tat es nie. Und natürlich fühlte ich mich deshalb schuldig.

Überhaupt führte ich kein vorbildliches neuapostolisches Leben. Bei uns zu Hause gehörte nur meine Mutter zur Gemeinde und wir entstammten auch keiner traditionsreichen neuapostolischen Familie. Schlecht in einer „Klassengesellschaft" wie der NAK: Ich war ein Außenseiter, sowohl unter den Kindern der Welt als auch unter den Gotteskindern.

Ich fing früh an mich zu wehren. Mit zehn Jahren weigerte ich mich, Röcke und Kleider zu tragen – trotz der Kleiderordnung der NAK. Ständig stellte ich kritische Fragen. Ein Unding, zumal für ein Mädchen. Als ich in der Jugendstunde versuchte, über die Evolutionstheorie zu diskutieren, verzichtete man fortan auf meine Anwesenheit ...

Auch später lebte ich äußerlich nicht nach den Vorgaben der NAK. Ich suchte meine Freunde außerhalb der Gemeinde, ging ins Kino und ins Theater, interessierte mich für Politik. Schließlich lernte ich meinen Mann kennen und wir lebten zusammen, ohne verheiratet zu sein. Unsere Tochter wurde unehelich geboren und wir heirateten erst, als unser Sohn schon unübersehbar auf dem Weg war.

Nach alldem müsste man doch meinen, dass ich mich von der NAK abgewandt oder der Sekte wenigstens mutig die Stirn geboten hätte. In mir sah es aber ganz anders aus. Verzweifelt versuchte ich immer wieder mich einzufügen. Mir gelang es nicht, nach den Regeln der NAK zu leben, denn sie waren zum Teil ganz offensichtlich absurd. Trotzdem fühlte ich mich deshalb schlecht und hatte Angst, dass Gott sich von mir abwenden könnte. Am Tag der Wiederkunft des Herrn nicht „würdig" zu sein, bedeutete den Verlust des ewigen Lebens. Ich versuchte meine Übertretungen zeitweise durch besonderen Eifer auszugleichen, besuchte jeden Gottesdienst und engagierte mich in der Gemeinde. Vor den Widersprüchen in der Glaubenslehre verschloss ich die Augen. Ich legte die Bibel zur Seite, wenn ich auf einen Vers stieß, der nicht passte. Ich äußerte meine Zweifel nie, denn Zweifel waren Anfechtungen des Teufels. Ich diskutierte sie auch nicht mit anderen Leuten, denn ich spürte unbewusst, wie leicht mein Glaubensgebäude zu erschüttern war.

Immer wieder ging ich aber auch auf Distanz, besuchte die Gottesdienste dann nur noch sporadisch, suchte nach neuen Wegen, um am Ende doch wieder in den Schoß meiner Kirche zurückzukehren.

Warum? Was gab mir die NAK?

Vor allem etwas Vertrautes. Hier kannte ich mich aus. Hier war alles verlässlich und änderte sich nie. Das Leben in einer fundamentalistischen Sekte ist geordnet und bietet Sicherheit. Und der Gedanke, vor allen anderen erwählt zu sein, half über manche Härte im Leben hinweg.

Was war nun aber die Kehrseite der Medaille? Der Preis, den ich für die vermeintliche Sicherheit und Geborgenheit zahlte, war ein hohes Maß an Selbstentfremdung. Von klein auf hatte ich gelernt, meinen Gefühlen und Gedanken nicht zu vertrauen. Jeder eigene Gedanke konnte ein „Gedanke von unten" sein, eine Einflüsterung des Teufels. Viele Male hatte ich gesungen: „Ich kann allein nicht gehen, nicht einen Schritt ...", und hatte dabei die Überzeugung gewonnen, dass ich machtlos, hilflos und vor allem wertlos war. Mein Gottesbild war das eines strafenden, unerbittliches Gottes, dem nahe zu kommen fast unmöglich schien.

Die Sekte hatte mich fest im Griff. Ich fühlte, dass die Strukturen und Regeln der NAK mir nicht gut taten, hatte aber gelernt, gerade diesem Gefühl zu misstrauen. Ich merkte, dass man mich bewusst klein hielt und manipulierte, war aber nicht mutig genug, mich dagegen zu wehren. Da musste schon etwas Außergewöhnliches geschehen. Und es geschah auch. Nach der Geburt meines zweiten Kindes trat eine für mich lebensbedrohliche Komplikation ein. Plötzlich lag ich nach einer Notoperation, die ich nur knapp überlebt hatte, auf der Intensivstation und stellte die Frage nach dem Sinn des Lebens neu. Jetzt brauchte ich die Unterstützung meiner Gemeinde – und bekam sie nicht. Spärliche Besuche und seltene Anrufe hätte ich noch verziehen. Was mich aber verletzte, war die fehlende Bereitschaft, mit mir über meine Zweifel zu reden. Wie konnte Gott so etwas zulassen? Warum gerade ich? Weshalb straft mich Gott? Diese Fragen brannten mir auf der Seele. Und niemand wollte sie hören.

Gleichzeitig erfuhr ich Hilfe von ganz anderer Seite. Ich hatte mit meiner Tochter die Mutter-Kind-Kreise einer evangelischen Kirchengemeinde besucht und über die Jahre viele Freundschaften geschlossen. Hier fing man mich auf, hielt mich aus mit meinen Klagen und stellte sich meinen Fragen. Man gab mir nicht nur Unterstützung in ganz praktischen Dingen, sondern vor allem das Gefühl, dass ich wichtig war. Ein unverzichtbarer Teil einer Gemeinschaft. So also konnte Gemeinde sein.

Warum sollte das nicht auch in meiner Gemeinde möglich sein? Nach meiner Genesung suchte ich Kontakt zu anderen jungen Frauen, lud sie ein, versuchte mit ihnen ins Gespräch zu kommen. Wir formulierten, was uns in unserer Kirche störte und was wir uns wünschten. Und wir brachten den Mut auf, diese Wünsche auch auszusprechen. Wir versuchten sogar, Dinge zu verändern. Doch trotz der Unruhe, die wir in die Gemeinde trugen, blieben wir erfolglos. Inzwischen weiß ich, dass es eine Revolution von unten in einer fundamentalistischen Glaubensgemeinschaft nicht geben kann. Entweder man fügt sich ein oder man geht.

Das Neue ist niemals ganz neu. Es geht immer ein Traum voraus.
Ernst Bloch

Ich ging. Es gab kein besonderes Ereignis, das mich zum Ausstieg bewegte, wohl aber einen konkreten Zeitpunkt. In diesem Sommer wurde meine Tochter sechs Jahre alt, alt genug für die Sonntagsschule. Mir wurde plötzlich klar, dass ich keinesfalls wollte, dass meine Tochter die Sonntagsschule besuchte. Sie sollte nicht mit demselben Gottesbild aufwachsen wie ich. Konnte ich in einer Glaubensgemeinschaft bleiben, die ich mit so kritischen Augen sah? Ich fing an, Informationen über die NAK zu sammeln. Ich las Schilderungen von Aussteigern, ernüchternde Berichte über die Rolle der NAK im Dritten Reich und Ratgeber von Sektenexperten. Die sprichwörtlichen Schuppen fielen mir von den Augen und ich tat endlich einmal etwas Spontanes und Konsequentes: Ich fuhr zum Amtsgericht und trat offiziell aus der Neuapostolischen Kirche aus. Das war ein klarer Schnitt.

Doch so einfach war der Ausstieg natürlich nicht. Ich hatte in Ratgebern gelesen, was auf mich zukommen würde, wenn ich die Sekte verließ. Und ich erfüllte alle Vorgaben: Ich hatte Angstzustände, Panikattacken, Albträume. Sechs Wochen lang brachte ich kaum den Mut auf, morgens aus dem Haus zu gehen. Mich plagte die Angst, Gott könnte mich dafür strafen, dass ich mich von ihm abgewandt hatte. Sich von der Neuapostolischen Kirche loszusagen wurde gleichgesetzt mit der im Neuen Testament beschriebenen „Lästerung wider den Heiligen Geist", eine Sünde, die nicht vergeben werden kann – nicht im irdischen und auch nicht im ewigen Leben. Was, wenn die NAK doch Recht hatte? Würde mich auf der Straße der Schlag treffen, sollte ein Unfall mich zurück „auf die rechte Bahn" zwingen?

Schau der Furcht in die Augen, und sie wird zwinkern.
aus Russland

Natürlich wusste mein Kopf, dass das irrationale Ängste waren, aber mein Herz fürchtete sich trotzdem. Noch mehr Angst hatte ich nur davor, abends einzuschlafen. Ich nahm Kontakt zu Selbsthilfegruppen von Sektenaussteigern auf und traf Menschen, die Gleiches erlebt hatten. Ohne viele Erklärungen verstanden sie, was ich fühlte. Bis heute sind mir diese Kontakte eine große Hilfe.

Gleichzeitig begann ich intensiv nach neuen Wegen mit Gott zu suchen. Ich hatte meine Glaubensgemeinschaft verlassen, aber nicht meinen Glauben. Doch was konnte ich noch glauben? Alles, was ich über Jesus wusste, hatte ich in der Neuapostolischen Kirche gelernt. Zaghaft führte ich Gespräche mit anderen Christen, auch wenn die Scham noch groß war. Ich las mit anderen Augen in der Bibel und fand Trost in sakraler Musik. Ich konnte und wollte mich nicht sofort auf eine neue Gemeinde einlassen und suchte nach einem persönlichen Weg zu Gott. Niemand sollte mir mehr sagen, was ich zu glauben hatte.

Diesen Weg zu finden, fiel mir nicht leicht. Ich hatte einen garantierten Platz im Himmelreich aufgegeben und war nicht länger erwählt. Nun musste ich persönlich Position beziehen. Es galt ein neues, positives Bild von Gott zu finden und nach Formen der Frömmigkeit zu suchen, die mich trösten und mir Geborgenheit geben konnten. Dass gerade in der evangelischen Kirche der Glaube auf sehr verschiedene Art und Weise gelebt werden kann, war nicht immer hilfreich. Manchmal war ich mir nicht sicher, dass ich die richtige Entscheidung getroffen hatte. Alles schien vorher so einfach und geradlinig gewesen zu sein, jetzt gab es nicht nur einen, sondern viele neue Wege zu Jesus ...

Inzwischen begreife ich gerade diese Vielgestaltigkeit als Chance. Ich kann Gott auf meine ganz persönliche Weise begegnen. Wenn ich jetzt zurückblicke auf fünf Jahre ohne die Neuapostolische Kirche, kann ich nur sagen, dass es sich gelohnt hat, diesen mutigen Schritt zu tun. Ich bin selbstbewusster und manchmal sogar ein wenig optimistisch. Ich entdecke neue Talente und weiß mich von Gott geliebt. Das ist eine ganze Menge.

Wenn ich auf meine Kinder sehe, weiß ich, dass ich die richtige Entscheidung getroffen habe. Mein Sohn sagt: „Ich stelle mir Gott vor wie eine weiche weiße Wolke. Er ist überall um mich herum und ich bin mittendrin." Hätte ich doch solch eine Vorstellung von Gott haben dürfen!

Wohin es jetzt geht? Wer weiß?! Aber wohin ich auch gehe, ich bin sicher: Gott geht mit mir.

Freigeschwommen

Tante Inge stand das Wasser nie bis zum Hals. Wie denn auch? Nie hat sie sich freigeschwommen, den Boden unter den Füßen verloren, war mal abgetaucht. Darum hatte sie auch immer das Nachsehen. Wenn das Wetter sich von seiner schönsten Seite zeigte, zogen ihre Freundinnen los, sie hinterher. Bis zum Wannsee machten sie noch gemeinsame Sache auf den Rädern, aber dann blieb sie stehen, spätestens wenn das Wasser ihr bis zum Bauchnabel reichte. Keinen Schritt wagte sie weiter. Dann konnte Inge nur noch zugucken. Es gibt Dinge, die kann man oder man kann sie nicht. Das Schwimmen ist so ein Ding. Ein bisschen Schwimmen ist nicht. Tante Inge hatte es nie gelernt. Nicht als kleine Inge, und als sich dann die jungen Männer am Strand dazugesellten, erst recht nicht.

So stand Tante Inge immer noch im Wasser, das ihr nur bis zum Bauchnabel reichte, als schon ihre eigenen Kinder ihr davonschwammen. Manchmal träumte sie nachts, sie würde einfach losschwimmen. Ohne Bodenkontakt. Im Traum war es herrlich ... Inge musste erst fünfzig werden, bis sie sich diesen Traum erfüllte. Der Preis hieß: Schwimmflügel an die Oberarme, so wie die kleinen Kinder, nur ein paar Nummern größer. Und tapfer lächeln, wenn die Kleinen gucken und mit dem Finger zeigen.

Tante Inge hat sich freigeschwommen. „Es ist ein wunderbares Gefühl, noch viel schöner als im Traum ...“

Mit 13 Mutter – Wie aus Schwäche Stärke wird

Bettina Weidenbach (35) ist Technische Fachwirtin Telekom, Fachwirtin für Organisation und Führung, Mitgründerin und Stiftungsvorstand der Beratungsstelle INVITARE e. V. und Mutter von drei Kindern.

Eine junge, ziemlich verzweifelte Frau sitzt mir gegenüber. Nach langem Hin und Her hat sie für heute einen ersten Termin in der Beratungsstelle „INVITARE – eingeladen zum Leben. Stiftung für Mutter und Kind" vereinbart.

Nachdem sie mir ihre Lebenssituation geschildert hat, versuche ich zusammenzufassen, was sie zurzeit empfindet: „Sie sehen keinen Ausweg, Sie sehen nur noch Dunkelheit und kein Licht am Ende des Tunnels ..."

„Ich kann nicht mal glauben, dass dieser Tunnel überhaupt ein Ende hat! Wo soll das sein? Und wie soll ich da je hinkommen? – Damals, als wir uns kennen gelernt haben, war alles in Ordnung. Wir wollten zusammensein, eine Familie gründen, und jetzt, jetzt ist er weg. Er will sein Leben nicht mehr mit mir und den Kindern verbringen, und das Baby in meinem Bauch wird seinen Vater möglicherweise nie kennen lernen ..."

Verzweiflung, Hoffnungslosigkeit, die Trümmer gescheiterter Beziehungen, tiefe Verletzungen und Ratlosigkeit – das sind die „Zutaten" meiner Arbeitswelt. Hier lebe ich meinen Beruf und meine Berufung.

Ich werde oft gefragt, ob man durch den ständigen Kontakt mit Menschen in extrem schwierigen Situationen und tiefen Lebenskrisen nicht selbst müde, mutlos und depressiv wird. Aus meiner Erfahrung kann ich da nur sagen: Nein! Ich begleite gern Menschen ein

Stückchen auf ihrem Lebensweg. Ich freue mich, wenn sie wieder Mut fassen, sich aufmachen, ihr Leben verändern und das Licht wieder entdecken.

Ja wie?, werde ich dann weiter gefragt, gibt es in jedem Tunnel, in jeder Lebenskrise einen Lichtblick? – Ich denke schon. Vielleicht hört sich das im ersten Moment etwas überheblich an, etwas über den Dingen stehend, aber lassen Sie mich erzählen, wie ich zu dieser Überzeugung gekommen bin, warum ich den Menschen, die zu mir kommen, aus tiefstem Herzen Mut und Hoffnung zusprechen kann.

Ich habe inzwischen das stolze Alter von 35 Jahren erreicht. Noch vor wenigen Jahren dachte ich, dass Frauen in diesem Alter die Weisheit in Person sind. Komisch, für mich stimmt das nicht so richtig. Die Haare werden zwar grauer und weißer, aber der Rest? Na, ja ... Trotzdem weiß ich eins, will daran festhalten und werde weiter daran glauben: dass es für jedes Problem eine Lösung gibt – ich behaupte nicht, eine perfekte Lösung (was auch immer das sein sollte), aber zumindest eine, die mich ein kleines Stückchen weiter bringt, die meinen Ausgangspunkt verändert und mich vielleicht dem sehnlich herbeigewünschtem Licht ein Stückchen näher bringt. Nur wenn ich das glauben kann, bekomme ich Mut, notwendige Schritte zu wagen.

Mehr als 27 Jahre meines Lebens verbringe ich jetzt schon damit, als Mutter mein Bestes zu geben. Ich formuliere das absichtlich so, weil ich der Meinung bin, dass alle Mütter (und Väter) versuchen, das Beste für ihre Kinder zu tun und zu geben, das, was in ihrer Macht steht, für sie denkbar ist, in ihrem Horizont vorkommt, was ihnen ihre Möglichkeiten erlauben, was sie selbst als Kinder ihrer eigenen Eltern weitergeben können.

Eine 35-Jährige redet von mehr als 20 Jahren Mutter-Sein?! Ich will erzählen, wie es dazu kam:

Ich bin im Sommer 1967 in einer netten schwäbischen Stadt geboren. Meine Mutter lebte mit einem freundlichen gutaussehenden jungen Mann zusammen. Sie war berufstätig und sorgte selbst für ihren Lebensunterhalt. Als sich mein Kommen ankündigte, kam es zur Trennung zwischen den beiden. Meine Mutter fand einen Krippenplatz für mich, und so konnte sie, als ich acht Wochen alt war, wieder an ihren Arbeitsplatz zurückkehren. Es erging mir wie vielen anderen Kindern auch, deren Mütter bald nach der Geburt berufstätig sein müssen, um den Lebensunterhalt zu sichern.

In unserer kleinen Familie wurde das Leben, bedingt durch die Beziehungen meiner Mutter zu verschiedenen Männern, deren Lebensinhalt und Zuflucht der Alkohol war, immer schwieriger. Mein Leben spielte sich meist zwischen Kinderkrippe und Stammkneipe ab, und ich wusste schon als kleines Kind, dass das kein Leben war. Nach und nach verlor ich meine Mutter, verlor sie an die ihr subjektiv guttuende Gemeinschaft der Stammtischfamilie, an die immer wieder wechselnden Partner, an den Alkohol.

Ich verstand vieles nicht – ich hatte nur den einen Wunsch: einfach nur „normal" zu leben, so wie andere Kinder auch. Ich wünschte mir eine „normale" Familie und kämpfte unentwegt gegen alles, was aus meiner Sicht verhinderte, dass wir „normal" waren. Hier lernte ich kämpfen und hoffen.

Ein Leben unter solchen Umständen hat „Nebenwirkungen". Erfahrungen von Vertrauen, Geborgenheit, Sicherheit oder Zuverlässigkeit haben darin keinen Platz. Es ist eine verrückte und verschobene Welt. Sicherlich kann man sich den Start ins Leben schöner vorstellen, aber kann er deswegen nichts anderes als eine Sackgasse sein? Ein Weg, der von vorneherein Menschen dazu verurteilt, kein „normales" Leben führen zu können? Wenn der Satz stimmt, dass jede Kindheit ihre eigene Tragik hat, dann kann es auf unserem Planeten eigentlich keinen „normalen" Menschen geben, oder?

Aber zurück zu meiner kleinen Kinderwelt: Ich wollte ausbrechen aus dem Leben, das ich in den ersten Jahren kennen gelernt hatte. So wollte ich nicht leben. Ich witterte eine große Chancen auszubrechen, als ein verwandtes Ehepaar aus dem Norden in unsere Stadt zog und „ganz zufällig" eine große Wohnung mietete. Die beiden hatten keine Kinder, und so fanden sie meine „geniale" Idee, zu ihnen zu ziehen, absolut gut. Sie „bearbeiteten" mit mir zusammen meine Mutter, bis sie zustimmte, und so kam es, dass ich mit elf Jahren von Zuhause auszog, um endlich ein „normales" Leben zu leben.

„Erstens kommt es anders, und zweitens, als man denkt." Diese simple Lebensweisheit begleitet mich schon immer. Und auch hier traf sie wieder zu. Meine Rechnung ging nicht auf. Ich kam vom Regen in die Traufe, wie man so schön sagt. Mein Onkel hatte, so sehe ich es heute, ein noch viel größeres Alkoholproblem als meine Mutter. Und die Tante, die so glücklich war, endlich ein kleines Mädchen zu haben, das sich neben sie setzt und häkelt und strickt, konnte es überhaupt nicht fassen, dass dieses Mädchen andere Interessen hatte als sie selbst.

Man kann sich vorstellen, dass der Haussegen sehr bald schief hing. Wenn ich heute zurückschaue, muss ich feststellen, dass ich in dieser Zeit meines Lebens die bisher tiefsten Verletzungen erlitten habe. Es war, glaube ich, bisher meine schwerste Zeit.

Ich lebte nun also in einem neuen Chaos, und ich hatte es auch noch selbst gewählt. Ich hatte geglaubt, *die* Lösung meines Problems zu finden, aber mir fehlte als Kind einfach der Überblick.

Trotz allem war mir klar: Ich musste in der Schule gut sein, um danach einen Beruf zu lernen, der mich zumindest finanziell unabhängig machen würde – wieder die Hoffnung auf ein kleines Licht am Ende des Tunnels und damit der Mut, weiter zu gehen und Schritte zu wagen, die mir bisher niemand vorgemacht hatte. Ich versuchte alles zu geben, was ich konnte, und stärkte so meine Hoffnung auf ein anderes Leben.

„Zuhause" wurden die Turbulenzen immer heftiger, und so kam es, dass ich viel Zeit „auf der Straße" verbrachte. Dort lernte ich schon bald meinen Traummann kennen. Er war acht Jahre älter als ich und entsprach meinen damaligen Vorstellungen von einem Traummann wirklich absolut. Nachdem es zwischen uns gefunkt hatte, war es gar nicht so einfach, die vielen unterschiedlichen Leben, die ich führte, unter einen Hut zu bekommen. Es gab niemanden, der alles wissen durfte, immer musste ich irgendetwas geheim halten.

Die Herausforderungen wurden immer größer, die Situationen immer prekärer, aber ich hatte Hoffnung – und das brachte mich durch diese Zeit hindurch. Ich glaubte fest daran, dass es irgendwo ein Licht gibt, wo genau, das wusste ich jedoch noch nicht so recht. Wahrscheinlich setzte ich meine ganze Hoffnung nun auf diesen Mann – sollte er der Retter aus aller Not sein?

Es kam, wie es kommen musste: Ich wurde schwanger.

Knapp 14 Jahre alt, 8. Klasse, kein richtiges Zuhause und schwanger. Na, klasse. Als ich meinem Traummann von der Schwangerschaft erzählte, war seine Reaktion nicht gerade traumhaft. Und für mich begann ein Alptraum. Ausgeträumt. Wir trennten uns.

Ich werde oft gefragt, ob ich mein Kind überhaupt austragen wollte, und wie es kam, dass ich es dann behalten konnte. Ich habe nie über Abtreibung nachgedacht. Ich weiß nicht, warum, aber mir war klar, dass ich keine Entscheidung über Leben und Tod fällen wollte. In meiner Not ging ich zu einer Schwangerschaftskonflikt-Beratungsstelle. Dort schob man mir, bevor man mich überhaupt anhörte, den Beratungsschein über den Tisch: „Bei dir ist das doch die beste Lösung. In deinem Fall ist ja alles klar." Ich wollte mein Kind behalten, aber das interessierte keinen. Jeder hatte seine Version von dem, was für mich das Beste sei. Das Jugendamt machte unheimlichen Druck. Sie wollten, dass ich mein Kind zur Adoption freigebe. Das wollte ich nicht. Und ich ließ mich zu nichts überreden. Ich weiß heute noch nicht so recht, wo ich den Mut her hatte, aber ich trat mit den Leuten vom Jugendamt richtig in Verhandlung. Das Wasser stand mir bis zum Hals und ich hatte unheimliche Angst, dass sie mir mein Kind wegnehmen würden. Ich wollte ein Leben mit meinem Kind, das wusste ich. Ich hatte ein Ziel und eine Hoffnung, wenn auch nur kleine Lösungsansätze für große Probleme, aber ich verlor nicht den Mut.

13 ¹/₂ Jahre nach meinem eigenen ersten Tag in der Kinderkrippe stand ich am selben Ort, um einen Betreuungsplatz für mein Kind zu beantragen. Der Besuch berührte mich und auch die Leute dort seltsam. Viele der Menschen, die mich betreut, gewickelt und mir das Laufen beigebracht hatten, waren noch da. Für mich hatte der Besuch deshalb trotz meiner Notsituation auch etwas sehr Positives. Ich empfand so etwas wie ein Gefühl von Zuhause. Hier würde also auch mein Kind aufwachsen.

Ich führte einige Gespräche mit meinem Klassenlehrer und dem Schulleiter, die ich davon überzeugen wollte, dass es für mich lebenswichtig sei, einen Schulabschluss und dann eine qualifizierte Ausbildung zu erhalten. In einer Schulkonferenz wurde beschlossen, mir eine Chance zu geben.

Im Sommer 1982 erblickte mein Sohn das Licht der Welt. Nicht in einem Krankenhaus, wie es üblich ist, sondern in der Praxis eines Frauenarztes. Ich hatte diesmal zu wenig Mut und traute mich nicht, in eine Klinik zu gehen. Was würden Ärzte, Schwestern und andere Wöchnerinnen von mir denken? Wie würden sie über mich urteilen? Was würde ich dort erleben? Es gab also eine Geburt im fast familiären Rahmen einer Praxis.

Da die Situation bei meinen Verwandten nach der Geburt meines Sohnes eskalierte, bezog ich mit 15 Jahren meine erste eigene Wohnung.

Ich schloss die Schule ab und begann eine Ausbildung im Bereich der Nachrichtentechnik. Es war nicht gerade mein Traumberuf, aber ich wusste, dass ich in einem „Männerberuf" genügend Geld verdienen konnte, um meine kleine Familie zu ernähren – das war mein Ziel. Ich machte ein Schrittchen nach dem anderen. Ich dachte nicht in Monaten und Jahren, sondern in kleinen Wegabschnitten. Was direkt vor mir lag, galt es zu erobern. Ich hatte Mut, weil ich Vertrauen hatte ... zu mir selbst?

Hoffen heißt, an das Abenteuer der Liebe glauben und Vertrauen zu den Menschen haben.
Helder Camara

Nein, da hatte ich die Erfahrung gemacht, dass ich oft falsche Entscheidungen traf. Ich glaubte trotz allem fest an ein gutes Ende. Vermutlich hat mich das davor bewahrt, aufzugeben, nicht weiter zu kämpfen, mutlos zu werden.

Weil sich bekanntlich gar nichts verändert, wenn man nicht selbst dafür sorgt, suchte ich auf meine gewohnte Weise weiter nach Sicherheit, Geborgenheit, Annahme ..., und so schaffte ich es, mich sogar zu verloben. Als wir uns kennen lernten, war ich 16 und er 39. Er schien mir das geben zu können, wonach ich suchte. Nach zweijähriger Verlobungszeit und festgestellter Schwangerschaft ging die Beziehung jedoch in die Brüche. Ich stand mal wieder ganz alleine da, nun aber mit bald zwei Kindern.

Im Herbst 1985 kam meine Tochter zur Welt. Ich führte nun nicht mehr das Leben einer 18-Jährigen, sondern das einer zweifachen Mutter. Die Situation, in der ich lebte, hatte mich reifer gemacht. Ich war von heute auf morgen erwachsen geworden. Alltag, das hieß: früh aufstehen, in die Kinderkrippe gehen, arbeiten, Kinder abholen, einkaufen, Haushalt machen, schlafen, früh aufstehen ... Meine Kinder waren selten krank und auch sonst sehr „pflegeleicht". Die Wochenenden musste ich oft dazu nutzen, mich auf Arbeiten und Prüfungen vorzubereiten. Da ich die Möglichkeit hatte, auch meine Tochter in die Kinderkrippe zu bringen, konnte ich meine Ausbildung fortführen. Weil das Ausbildungsunternehmen immer mehr dazu überging, nur noch einen geringen Teil der ausgelernten Kräfte zu übernehmen, wusste ich, dass letztendlich nur der erreichte Notendurchschnitt zählen würde, und bereitete mich intensiv auf die Prüfungen vor. Ich schaffte es, wurde ausbildungsgerecht übernommen und arbeitete dann 13 Jahre in meinem Beruf.

Die Jahre vergingen; an vieles von dem, was ich damals erlebte, kann ich mich kaum noch erinnern. Eines jedoch weiß ich noch ganz genau: welches Gefühl es war, ein Leben mit meinem Kind aufbauen zu wollen – und niemand interessierte sich dafür. Das Gefühl, ganz alleine da zu stehen, in einer Situation, in der man etwas unternehmen muss, weil man in absehbarer Zeit für einen anderen Menschen Verantwortung tragen wird – keiner, der mich verstehen will, keiner, dem ich es wert bin, dass er sich meine Version meiner Zukunftspläne anhört, keiner, der mich versteht und mir Unterstützung zusagt, keiner, der mir überhaupt nur zuhören will. Dieses Gefühl ließ mich nicht mehr los.

Es hatte Folgen, dieses Gefühl, es hatte vielleicht auch einen Sinn – nein, es bekam ganz sicher einen Sinn.

Bevor ich Ihnen verrate, warum, werde ich noch einen kleinen Umweg gehen müssen, damit man nachvollziehen kann, wie es dazu kommen konnte.

In der Tageseinrichtung, in der mein Sohn und meine Tochter tagsüber betreut wurden, während ich meine Ausbildung zu Ende brachte, arbeiteten evangelische Diakonissen. Diese Schwestern schafften es immer wieder, die Dinge so zu regeln, dass ich mich irgendwie mit meinen Kindern auf christlichen Familienfreizeiten wiederfand.

Dort lernte ich Menschen kennen, die etwas in ihrem Leben kannten, das ich nicht hatte – Geborgenheit, Gewissheit, Frieden –, es sah jedenfalls ganz danach aus. Diese Menschen machten mich sehr neugierig: Was war der entscheidende Unterschied zwischen ihrem Leben und dem der Menschen, mit denen ich es bisher zu tun gehabt hatte?

Ich lernte den christlichen Glauben kennen – war das der Zielpunkt meiner jahrelangen Suche?

Heute, rund 17 Jahre später, weiß ich, dass ich damals lediglich anfing, ein christliches Leben zu führen. Ich stellte Regeln auf, welche Dinge ein Christ wie zu tun hat, war überzeugt, dass die „Stille Zeit" am Tagesbeginn stattfinden muss und dass ich durch gutes Tun und gottgefälliges Verhalten ein guter Christ werde.

Leider, so muss ich heute sagen, habe ich lange an dieser Art von Glauben und an diesem Gottesbild festgehalten.

Es kostete mich viel, alle Regeln und selbst auferlegte Vorschriften einzuhalten. Ich versagte immer wieder, ich gab die Hoffnung immer wieder auf, jemals ein guter Christ zu werden, jemals den Punkt erreichen zu können, wo ich Geborgenheit in Gott, Gewissheit in meinem Glauben und Frieden in meinem Herzen bekommen würde. Ich schaffte es einfach nicht.

1991 wurde ich gefragt, ob ich vor einer Gruppe von fast 100 Menschen von meinem Glauben erzählen, „Zeugnis geben" könnte. Ich wusste nicht, wo mein Verstand geblieben war, als ich mich ohne zu zögern „Ja!" sagen hörte.

Es hatte seinen Sinn ...

Bei den Vorbereitungen zu dieser Veranstaltung wurde mir immer klarer, dass das, was ich über meinen Glauben so schön sagen konnte und immer wieder auch sagte, dass das alles auf kein solides Fundament gebaut war.

Mein Konzept wurde dennoch fertig, aber ich fragte mich, was von diesen schönen Worten von mir wirklich gelebt wurde, was authentisch war ... Fast nichts. Ich hatte keine lebendige Beziehung zu Gott entwickelt, sondern nur zu meinen Vorstellungen von ihm. Was ich an diesem Abend über meinen Glauben erzählte, war Theorie, war mein Wunschdenken, nicht die Realität, das war mir klar. Ich hatte mich nicht wirklich darauf eingelassen, hatte mir immer wieder Hintertüren offengehalten. Der Glaube, von dem ich sprach, war wunderbar und groß, das wusste ich. Der, den ich lebte, war mickrig und hatte in meinem Leben bisher wenig verändert.

Als ich vom Rednerpult herabstieg, wusste ich: Das, was ich gerade gesagt hatte, musste ich jetzt mit Leben füllen, die leeren Worte sollten Inhalt bekommen, ich wollte erleben, wovon ich gesprochen hatte!

Ich kämpfte einen Kampf, den ich so in meinem Leben noch nicht durchgemacht hatte. Gott zeigte mir, dass er mit mir nicht weiterkommen konnte, solange ich ihn nicht in alle Bereiche meines Lebens lassen würde. Ich entschied mich schließlich eines Tages dafür, Gott einen „Generalschlüssel" für alle Türen in meinem „Lebenshaus" zu geben – und er schenkte mir in der folgenden Zeit das, wonach ich bis hierher so vergeblich gesucht hatte. Mein Leben wurde auf ein verlässliches Fundament gestellt – nicht dass Sie glauben, dass es dadurch geordnet, eintönig und langweilig wurde! Oh nein – jetzt begann das „Abenteuer Christsein".

Seit diesem Wendepunkt muss ich nicht mehr nur auf mich selbst bauen, sondern kann mein Vertrauen in meinen Gott setzen, der so unendlich größer ist als mein kleiner Verstand. Dass mich „Leitplanken" rechts und links meines Lebensweges vor dem Absturz bewahren, dafür sorgt Gott selbst, da bin ich sicher, das glaube ich heute ganz fest, nein, noch besser: Die Erfahrung habe ich hundertfach oder mehr gemacht.

Das Gefühl, ganz alleine dazustehen, das ich nie vergessen hatte, kannte ich nach wie vor. Ich machte mir immer wieder Gedanken darüber, die zunehmend klarer wurden und die sich schließlich zu einer Vision entwickelten. Mit der Gewissheit, dass Gott auf mich und meine Kinder aufpassen würde, und ... ich weiß nicht so recht, was da sonst noch war, ging ich langsam kleine Schritte vorwärts, um die Vision Realität werden zu lassen: Es sollte einen Ort geben, wo Menschen, die durch eine ungewollte oder ungeplante Schwangerschaft in Not geraten sind und ganz alleine dastehen, andere Menschen finden, die ihnen zuhören, sie ernst nehmen, sie begleiten und unterstützen und ihnen helfen, ein Leben aufzubauen, so wie sie es sich vorstellen können.

Ihr denkt stets an das, was ihr behalten oder verlieren könnt. Denkt doch an das, was ihr geben könnt.
Romain Rolland

Lange erzählte ich niemandem davon. Wie sollte diese Idee auch Wirklichkeit werden? Reich war ich zwischenzeitlich nicht geworden – vielleicht an Erfahrungen, aber nicht an Geld. Aber dann fragte mich einmal jemand, dem ich davon erzählte, auf was ich eigentlich warten würde.

„Auf den Brief vom Himmel", sagte ich. „Ich warte auf den konkreten Auftrag von Gott."

„Den hast du schon!", war seine Antwort.

Er hatte Recht, das wusste ich, und doch fehlte mir der Mut.

Dennoch machte ich mich nach diesem Gespräch auf den Weg. Ich spürte, dass Gott meine wackeligen und unsicheren Schrittchen begleitete, und das gab mir letztendlich den Mut, den ich brauchte.

Ich begann von meinen Gedanken zu erzählen und fand Menschen, die solch eine Arbeit mittragen wollten. So kam es nur ein Jahr nach diesem Gespräch, im Frühjahr 1998, zur Gründung eines Vereins als Träger der Beratungsstelle INVITARE – eingeladen zum Leben. Mutter-Kind-Haus Ludwigsburg e.V.

Mit den Wundern, die ich erlebte, während das Haus entstand, sich weiter entwickelte und den Test im Alltag bestand, könnte ich ein ganzes Buch füllen.

Im Jahr 2001 konnten wir eine Stiftung gründen, die nun die Arbeit von INVITARE weiterträgt.

Heute, nach fast fünf Jahren, kann man von einer richtigen „Einrichtung" sprechen. Die Vielfalt der Angebote ist groß, obwohl wir nur eine Handvoll Frauen sind. Im Mittelpunkt unserer Arbeit aber steht unverändert das, was ich mir in meiner Not und Verlassenheit damals gewünscht habe: Wir wollen Ansprechpartner für Mädchen und Frauen sein, die sich trotz aller Schwierigkeiten für das Leben mit ihrem Kind entscheiden wollen, und für allein erziehende Mütter, damit sie in ihrer Not nicht ganz ohne Hilfe dastehen.

Immer mehr Menschen kommen zu uns, die schon vor oder erst nach der Geburt ihrer Kinder Beratung, Begleitung und Unterstützung bei allem, was ansteht, suchen. Unsere Arbeit wächst und wächst, und das, obwohl sie allein durch private Spendengelder getragen wird. Wir haben nie mehr Geld gehabt, als wir gerade in diesem Moment brauchten, oft kommen wir am Monatsende nur ganz knapp über die Runden. Gott füllt den Platz aus, den wir ihm lassen, er stellt sich ganz offensichtlich hinter diese Arbeit, und das gibt uns immer wieder neue Sicherheit und lässt uns zuversichtlich weiter gehen.

Nach wie vor benötige ich an vielen Stellen Mut. Ich merke oft, wie klein ich doch bin und wie schnell ich an meine Grenzen komme.

Ich brauche Vertrauen und Hoffnung, um den Frauen, die zu uns kommen, das geben zu können, was sie suchen, und die Mitarbeiterinnen zu führen.

Interessant! Aber ... Wie lebt dieses Mädchen heute, dieses arme Geschöpf, das ein Kind bekam, als sie selbst noch ein Kind war, und ein zweites als Teenager?

Sie bekam noch ein drittes! Ich bin heute 35 Jahre alt. Mein großer Sohn, der sicherlich wie seine Mutter damals auch manchmal merkte, dass seine Familie etwas „unnormal" war, ist heute ein junger Mann Anfang zwanzig. Meine Tochter, die gerade mal 18 Jahre jünger ist als ich, ist mir seit langem über den Kopf gewachsen – im wahrsten Sinne des Wortes. Beide legen gerade eine Grundlage für ihr Leben – sie befinden sich in einer Berufsausbildung. Mein kleines Geschenk ist nun auch schon 11 Jahre alt. Er muss, zu seinem Ärger, noch ein Weilchen die Schulbank drücken.

Leiden, Irrtum und Widerstandskraft erhalten das Leben lebendig.
Gottfried Keller

Und ist sie jetzt verheiratet? Nein. Irgendwie habe ich es noch nicht geschafft, eine „normale" Beziehung zu einem Mann aufzubauen. Ich dachte lange, dass ich das auch nicht bräuchte, doch jetzt, wo ich „in die Jahre komme", merke ich, dass ich mir doch eine gute, stabile Beziehung wünsche. Vielleicht fällt ja irgendwann einmal zufällig ein hübscher, netter, intelligenter, musikalischer ... Mann vom Himmel, natürlich direkt vor meine Füße. Vielleicht aber auch nicht. Dann ist das auch absolut okay.

Nachdem ich mich durch mehrere berufsbegleitende Ausbildungen für die Arbeit bei INVITARE qualifiziert hatte, bin ich nach und nach aus meinem alten Beruf ausgestiegen. Zurzeit bin ich noch für einige Zeit von meinem technischen Beruf beurlaubt, um die Arbeit bei INVITARE tun zu können. Wie es danach weiter geht? Ich weiß es nicht. Ich bin für alles offen: zurück zum alten Arbeitgeber, weiter bei INVITARE oder ganz etwas anderes? Ich werde wohl kaum an den Punkt kommen, wo mir mein Leben eintönig und langweilig erscheint.

Ich bin zufrieden mit meinem Leben. Ich bin auch zufrieden damit, wie alles gelaufen ist. Ich bin zufrieden mit mir selbst, mit dem, wer ich bin, wie ich bin. Ich bin kein Opfer mehr. Meine schwierigen Erfahrungen, Verletzungen und Erlebnisse habe ich vor einigen Jahren in seelsorgerlichen Gesprächen zurückgelassen. Ich weiß, wenn ich mein Leben nicht so erlebt hätte, wie ich es erlebt habe, dann wäre ich nicht die, die ich heute bin. Ich finde mein Leben spannend und abenteuerlich – und hoffe, dass es auch weiterhin so bleibt.

INVITARE – eingeladen zum Leben
Stiftung für Mutter und Kind
Mörikestr. 118
71636 Ludwigsburg
Tel. 07141/ 922778
www.invitare-stiftung.de
E-Mail: info@invitare-stiftung.de

„Ich musste es einfach loswerden ..."

Manche Dinge liegen so lange zurück und lassen uns doch nicht los. Nicht, dass wir immer an sie denken würden. Nur manchmal erreicht uns das Gestern ganz plötzlich wieder mit dem, was doch eigentlich abgegessen ist, und wir merken: nichts ist verdaut. Da liegt noch etwas im Magen und drückt.

Bei Britta meldeten sich diese Gestern-Gespenster, als ihre Tochter eingeschult wurde. Und plötzlich tauchte er wieder auf: Herr R., der Englisch-Lehrer mit seinen glänzend polierten Schuhen, dem exakten Seitenscheitel und dieser widerwärtigen Unberechenbarkeit, mit der er von einer Sekunde zur anderen aus seiner Freundlichkeit ausstieg und die Schülerinnen mit seinen Wutanfällen, seinen zynischen Bemerkungen, die nur noch klein machten, in Angst und Schrecken versetzte.

Britta erinnerte sich an die Gefühle der Ohnmacht und Entmutigung, die sich ihr als Schülerin auf die Seele gelegt hatten, und machte sich zwanzig Jahre später einfach auf den Weg. So saß sie Herrn Oberstudienrat R. eines Tages in seinem Wohnzimmer gegenüber und sagte es ihm. „Es" – wie er sie so oft mit Furcht erfüllt und mutlos gemacht hatte.

Endlich wurde sie es los. Nein, es war überhaupt nicht leicht, aber sehr erleichternd.

ZuMUTungen – Zwischen Bauernhof und Bundestag

Christa Nickels (50), gelernte Krankenschwester, Bundestagsmitglied von Bündnis 90/Die Grünen, Mutter von zwei Kindern, gehört zum Zentralkomitee der Katholiken.

Für mein Gefühl habe ich gar keine Wenden im Leben vollzogen. Das mag erstaunlich sein für die, die meine Biografie lesen – ältestes von acht Kindern auf einem Bauernhof am Niederrhein, Krankenschwester, mit Anfang 20 verheiratet und Mutter von zwei Kindern, dann Bundestagsabgeordnete, Staatssekretärin im Gesundheitsministerium, Politikerin mit vielen Aufgaben. Aber alles, was scheinbar plötzlich geschieht, muss doch angelegt sein. So ist meine Entwicklung wie die eines Baumes: Wenn der sein Laub abwirft, hat er die komplette Anlage für das nächste Jahr in den Knospen vorgebildet. Dann freut man sich über die Pracht der Blüten und Blätter, aber die wäre ohne das Wachstum des Vorjahres nicht zu Stande gekommen.

Ich will ganz früh anfangen, um das zu erläutern, gerade hier in Waurichen, in dem Dorf, in dem ich aufgewachsen bin, drei Häuser von meinen Eltern entfernt.

Das war ein traditioneller Bauernhof mit Kühen, Schweinen, Kaninchen, Hühnern. Ich widmete mich unserem großen Garten. Das war wichtig, weil wir Obst und Gemüse zum Essen geerntet haben. Auch die Blumen habe ich versorgt. Mein Vater war sehr zufrieden mit mir, weil ich das akkurat machte. Ich habe auch gerne auf dem Feld gearbeitet, habe Rüben gezogen und Stroh gemacht. Dabei habe ich für mein Leben viel gelernt. Zunächst mal eine große Freude an der Arbeit. Ich kann mir schwer vorstellen, einmal nicht mehr tätig zu sein. Im Garten kann ich langfristig etwas anlegen und wachsen sehen. Und das kann man in der Politik auch. Ich bin ja jetzt schon 20 Jahre dabei und kann sehr präzise beschreiben, wo jahrelange Arbeit richtig dicke grüne Fäden eingezogen hat und wo ich auch ganz klar meinen eigenen Beitrag sehe. Zum Beispiel in der Drogenpolitik. Damit beschäftige ich mich, seit ich 1983 das erste Mal in den Bundestag kam. Und dass ich 1998 als Bundesdrogenbeauftragte die Wende in dieser Politik einläuten könnte, hätte ich mir nie träumen lassen. Das erfüllt mich mit großer Zufriedenheit.

Ich war die erste Krankenschwester im Bundestag und in der Bundesregierung. Mir war es wichtig, die Pflege in der Leitung des Gesundheitsministeriums zu verankern und überhaupt die Pflege aufzuwerten. Daran konnte ich dann bislang nicht weiterarbeiten, aber die ersten Schritte waren wichtig.

Aktuell zur Gentechnik: Da haben die Grünen gleich in der ersten Legislatur eine Enquetekommission mit initiiert. Auf Grund dessen kann ich meine Erfahrungen bei den gegenwärtigen Beratungen einbringen und habe über Jahre erarbeitete Maßstäbe in die Debatte eingebracht.

Es ist eine sehr schöne Erfahrung zu sehen, wie Dinge, die ich vor Jahren zunächst ohne Erfolg angestoßen habe, mit der Zeit rund werden. Es hat mir immer Freude gemacht beizutragen, Leid zu lindern und das, was zerbrochen ist, wieder zusammenzusetzen. Aber die Erfahrungen auf dem Hof haben mich als Jugendliche nicht alleine geprägt. Ich war auch in einer sehr guten Schule. Ich habe auf dem Ursulinen-Gymnasium in Geilenkirchen bei Aachen Abitur gemacht.

Außerdem war ich früh politisch interessiert. In den 60er Jahren war der Biafra-Krieg ein großes Thema. Damit und mit dem Vietnamkrieg habe ich mich intensivst auseinander gesetzt. Nach dem Abitur habe ich dann aus praktischen Erwägungen entschieden, Krankenschwester zu werden. Ich kannte meinen späteren Mann schon, ich wollte Kinder und Arbeit verbinden, und das war in diesem Beruf möglich. Meine Lehrer waren richtig sauer, dass ich nicht studiert habe. Heute aber kommt wieder alles zusammen: Erfahrung in dem Beruf, wissenschaftliches Interesse aus der Schulzeit und politisches Engagement.

Wir leben in unserer Region in einem „schwarzen" Gebiet, aber die CDU mit ihrem in jahrzehntelanger Alleinregierung entstandenen Filz gefiel mir nicht. Auch bei der SPD passte mir damals nicht, dass die Partei ganz andere Beschlüsse fasste, als Bundeskanzler Schmidt durchsetzte. Ende der 70er Jahre habe ich mich dann sofort den acht Leuten angeschlossen, die die „Grüne Aktion Zukunft" von Herbert Gruhl im Kreis gründeten. Und dann habe ich die „Grünen" mitbegründet.

Natürlich bin ich in meinem Leben auch an manchen Punkten gescheitert. Gerade bei Dingen, für die ich mich sehr eingesetzt hatte, stieß ich an Grenzen. Mit Themen dagegen, die ich nebenbei, mehr aus Liebhaberei bearbeitete, erzielte ich oft leichter Erfolge. Seltsam. Ich glaube aber, wenn man das, was man beruflich kann, einbringt und immer wieder mit Gedanken- und Seelenkraft um Lösungen ringt, dann wird man so oder so Wege finden. Das ist mir oft passiert.

Wenn ich nun als Christin gefragt werde, was mir das bedeutet, dann antworte ich in einem Bild: Man ist ein Faden auf dem Webstuhl des Lebens. Ich glaube schon, dass man die Farbe und die Ausprägung und die Struktur selbst in der Hand hat. Aber in diesem Lebensgewebe ist man eben nur ein Faden. Das gibt mir Gelassenheit im Laufe der Jahre. Wenn ich das, was ich kann, möglichst zur Meisterschaft bringe, kann ich auch die Zuversicht haben, dass das einen Sinn hat. Und den verstehe ich nicht immer.

Wenn jetzt in Teilen der Lebenswissenschaften die Hoffnung genährt wird, der Mensch könne über Zeugung, Geburt und Sterben verfügen, dann ist das eine Fiktion. Der Mensch hat große Möglichkeiten zur Gestaltung und Verantwortung. Wenn er seine Talente eingräbt, wie es in der Bibel heißt, kann eben nichts passieren. Aber wer glaubt, er sei im Stande, sein Leben ganz und gar selbst zu bestimmen, gibt sich einer Fiktion hin. Eigentlich ist das blühender Unsinn.

Ich finde viele Weisheiten in der Natur. Ich schaue mir zum Beispiel die Libellen an, die als kleine Monsterlarven auf dem Grund meines Teiches herumkrabbeln und im Frühling hochklettern, aufplatzen, und dann kommt da ein ganz anderes, sehr ätherisches Wesen zum Vorschein. Diese Verwandlung passiert als Metamorphose in unglaublichen Übergängen, aber doch in einem Wesen! Wenn ich mir das anschaue, brauche ich gar keine hochgestochenen theologischen Erklärungen mehr. Solche Verwandlungen kenne ich auch. Manchmal habe ich das Gefühl, ich habe in diesem Leben schon sehr viele Leben gelebt. Trotzdem ist mir natürlich viel verborgen.

Ich habe mir abgeschminkt zu glauben, dass es im Leben die Konsequenz gibt: Wenn du ein guter Mensch bist, geht es dir auch gut. Gerade als Krankenschwester habe ich doch gesehen, dass die gütigen, heiteren Menschen oft ein sehr schweres Schicksal haben, und die, die andere piesacken und ärgern, in aller Ruhe 95 werden. Nein, ich kann nicht ausschließen, dass auch ich so scheitern könnte, dass ich nicht mehr auf die Füße komme. Wenn das anderen passiert, kann mir das auch passieren.

Wenn wir von Lebenswenden reden, müssen wir natürlich auch über die deutsche Wende, die Öffnung der Mauer sprechen. Ich komme vom westlichsten Zipfel Westdeutschlands, aber das hat mich damals unglaublich gefreut. Bis dahin war jeder Umbruch in Europa blutig herbeigeführt worden. Dass es auch einmal anders ging, war ein großes Glück. Ich selbst habe dann in der deutschdeutschen Politik der Wendezeit keine große Rolle gespielt. Damals rotierte ich aus dem Bundestag und wollte den Partnerinnen und Partnern in Ostdeutschland keine falschen Versprechungen machen, die ich auf Grund meiner Rolle – ich war dann ja wieder Krankenschwester – nicht halten konnte.

Radikale geistige Wenden habe ich nicht vollzogen. Ich komme aus der Friedensbewegung, und die Entscheidungen, die wir als Regierungspartei treffen mussten – drei Mal Einsätze deutscher Soldaten im Ausland genehmigen –, hat mich selbst zerrissen. Ich hatte aber ein Damaskus- Erlebnis: Das war Srebrenica. Da hat die internationale Staatengemeinschaft Schutzzonen errichtet, und die Menschen vertrauten darauf, dass sie notfalls mit Waffengewalt geschützt werden. Das ist aber nicht passiert, weil das Mandat der UNO-Soldaten nicht ausreichend war. Und da war mir klar: Das darf nicht mehr passieren. Da bin ich friedenspolitisch heimatlos geworden, ohne dass ich das Grundpostulat der Gewaltfreiheit abgelegt hätte. Aber ich muss diesen Bruch akzeptieren.

Wenn das Böse die Dreistigkeit hat, muss das Gute den Mut haben.
aus Frankreich

Mir fällt auf, dass diejenigen, die gegen die Militäreinsätze sind, zwar gut die Vergangenheit analysieren und die Zukunft planen können. Aber an dem Punkt, was jetzt etwa in Afghanistan geschehen soll, da lassen sie eine Lücke. Und da sage ich auch aus meiner Arbeitserfahrung als Intensivfachschwester: Das geht nicht. In dem Moment der Not muss man erst einmal handeln. Bei allem Schmerz. Denn ich weiß natürlich, dass Gewalt nicht Gewalt besiegt. Sie kann aber notwendig werden, um eine Situation herzustellen, in der eine Arbeit für Gerechtigkeit und Frieden überhaupt wieder möglich wird.

Ich habe mehrere Lebensträume. Ich wünsche mir im Leben einmal die Zeit dafür, meinen Garten mit verschwenderisch viel Zeit zu beackern und zu erleben. Ich möchte auch nach Santiago de Compostela pilgern. Und ein großer Traum ist, im Leben mehr vom Geheimnis des Lebens zu erfahren. Da hat mich Teilhard de Chardin immer sehr beeindruckt, der sagt, die göttliche und menschliche Sphäre sind wie zwei sich ineinander rollende Blätter. Das ist aus meiner kleinen Lebenserfahrung zutreffend. Und darüber möchte ich mehr erfahren.

Gesprächsprotokoll: Irene Dänzer-Vanotti

Steig vom Baum herunter! –
Begegnungen in der Krise

Eine Frau (38), die anonym bleiben möchte, Verwaltungsangestellte, hat zwei Kinder.

Meine Geschichte beginnt mit einem Gummibärchen.

Ich kaute genüsslich ein Gummibärchen, das mir meine zweijährige Tochter nach einer Turnstunde geschenkt hatte, und lachte dabei. Das so süße, bunte, aber sehr klebrige Teilchen verfing sich in meiner Luftröhre und ich bekam nur noch mühsam Luft. Für die anderen Eltern der Gruppe klang es wie ein Asthma-Anfall, keiner kümmerte sich um mich, als ich aufsprang und in Richtung Umkleidekabine davonrannte. Sie dachten alle, ich holte mein Asthmaspray. Ich fühlte mich schrecklich allein und folgte doch meinem inneren Impuls: Weg, nur weg, raus aus dieser Situation! Flucht!

Auf dem recht kurzen Weg zur Ausgangstür spielte sich sehr viel in meinen Gedanken ab. Ich hörte eine Stimme, die mir sagte: „So, das war's jetzt!" Dieser Satz mobilisierte in mir eine Wut, die – nach meinem späteren Empfinden – das Ruder noch einmal herumriss. Ich war sehr wütend, weil es mir unannehmbar erschien, an einer Lappalie wie einem Gummibärchen zu scheitern, zu sterben. Ich hatte doch schon ganz andere Hürden in meinem Leben genommen und war stets bemüht „richtig" zu leben. Nun sollte ich an einer Winzigkeit scheitern und meine Tochter in dieser Turnhalle zurücklassen?!

Diese Gedanken füllten meinen Kopf, als ich schwer um Luft ringend die Ausgangstür erreichte. Im selben Moment, in dem ich die Klinke erfasste, wurde sie von außen heruntergedrückt. Die Tür ging auf und der Erzieher der nachfolgenden Kindergarten-Turngruppe stand vor mir. Wir kannten uns nur vom Sehen und hatten noch nie miteinander gesprochen. Dieser Engel muss meine bedrohliche Verfassung sofort richtig erkannt haben. Er ließ mich nicht wegrennen, wie ich es eigentlich wollte. In völliger Ruhe sagte er mir, dass ich ihn anschauen und meine Arme auf seine Schultern legen solle. An weitere Worte kann ich mich nicht erinnern, wohl aber an ein Gefühl großer Ruhe und Langsamkeit. Als ich wieder zu mir kam, hatte sich der klebrige Verschluss der Luftröhre wohl von selbst gelöst, und ich konnte wieder frei atmen.

Diese Geschichte bewegt mich auch heute, drei Jahre später, immer noch, weil ich davon fasziniert bin, wie meine Wut und Entschlossenheit die Situation entscheiden konnten. Ich fühle, dass ich eine Chance bekommen habe, die Dinge, die in meinem Leben schön sind, wirklich zu genießen und die weniger schönen zu verändern. Diese Chance habe ich von Gott bekommen, davon bin ich immer mehr überzeugt, so bewerte ich dieses Erlebnis heute.

Gott entdecken, mit Gott rechnen? Das waren mir damals noch so ferne Gedanken. Schon Jahre zuvor hatte ich mit Gott abgeschlossen. Aber Gott nicht mit mir. Eine Ahnung davon bekam ich schon vier Monate vor dem „Gummibärchen-Erlebnis", auf der Frauenfreizeit einer Gemeinde der Berliner Stadtmission (einem Werk der evangelischen Kirche). Darauf aufmerksam gemacht hatte mich eine liebe Freundin, die mich seit längerer Zeit immer wieder zu Veranstaltungen in diese Gemeinde eingeladen hatte. Ich kannte daher einige Frauen und freute mich auf ein amüsantes Wochenende mit Tiefgang. Ich fühlte mich in dieser Gemeinschaft dann tatsächlich sehr wohl, weil ich spürte, dass jede so angenommen wurde, wie sie war. Schon vor dieser Wochenendfahrt war ich fasziniert davon, wie der Glaube an Jesus Christus die unterschiedlichsten Frauen zusammenhält. Das war am aktiven Gestalten des Gemeindelebens und an der Aufgeschlossenheit neuen Menschen gegenüber klar zu sehen. Ich wurde nicht bedrängt, sondern herzlich aufgenommen, obwohl ich mein Leben nicht mit Gott gestaltete. Manchmal fühlte ich mich als Beobachter eines Lebens, dass ich selbst gern geführt hätte.

Als Abschluss des Wochenendes wurde am Sonntag ein Gottesdienst gefeiert. Dort hörte ich die Geschichte von Zachäus zum ersten Mal. Sie ist im Neuen Testament im Lukasevangelium (Kapitel 19,1-10) zu finden, und ich möchte sie kurz erzählen:

Zachäus war der oberste Aufseher der Zolleinnehmer und daher sehr vermögend. Als Jesus in seine Stadt kam, versammelten sich viele Leute, um ihn zu sehen. Zachäus kletterte auf einen Baum, um eine bessere Sicht auf Jesus zu haben. Dieser erblickte Zachäus dort oben und bat ihn herunterzukommen, weil er bei ihm zu Gast sein wollte.

An dieser Stelle der Geschichte fühlte ich mich sehr angesprochen, nein, mehr: Ich konnte spüren, wie Augen mich ansahen. Augen, die natürlich in der Realität nicht vorhanden waren. Bis heute trage ich diesen Blick in mir. Es waren große Augen, die mich liebevoll ansahen, so als wollten sie mich fragen: „Nimmst du meine Einladung an? Komm doch von deinem Beobachtungsplatz herunter und nimm mich mit zu dir!"

Mir stiegen Tränen in die Augen und ich fühlte eine große Aufregung. Hatte Jesus tatsächlich auch mich gemeint? Wie sollte ich ihn mit zu mir nach Hause nehmen? Ich war so überwältigt von diesem Erlebnis, dass es mir nicht möglich war, darüber zu sprechen.

Am Ende des Wochenendes wurde die Einladung zu einem neuen Gesprächskreis ausgesprochen. In dieser Einladung wurde die Einladung von Jesus für mich ganz konkret. Ich ergriff die Möglichkeit und sagte spontan zu. Wir trafen und treffen uns immer noch regelmäßig, um in der Bibel zu lesen, Hintergründe zu erfahren und uns auszutauschen, wie die Aussagen von Jesus in unserem Leben heute umgesetzt werden können. Anfangs war ich voller Skepsis und wusste nicht, wie ich eine Verbindung zwischen dem Erlebnis auf der Freizeit und dem „normalen" Leben herstellen sollte. Nach dem Vorfall mit dem Gummibärchen ahnte ich aber, dass mir durch die Bibel ein anderer Blickwinkel auf mein „neues Leben" eröffnet und ermöglicht wird.

Gott hatte sich einen neuen Weg zu mir gesucht. Eine gemeinsame „Vorgeschichte" hatten wir ja schon: Ich bin römisch-katholisch getauft. In meiner Familie war es üblich, sonntags in die Kirche zu gehen und vor den warmen Mahlzeiten zu beten. Ich besuchte die verschiedenen christlichen Kinder- und Jugendgruppen, sang in einem ganz tollen und erfolgreichen Chor, aber ich spürte keine wirkliche innere Verbindung zu Gott. Ich suchte sie auch nicht.

Als Kind stellte ich mir Gott so wie den Pfarrer in der Gemeinde vor: mächtig, körperlich groß, oft sehr laut und in schimpfendem Ton Reden haltend. Er war mir unheimlich und ich hatte Angst vor ihm. Mein Bild von einem gläubigen Menschen war auch stark von der Vorstellung geprägt, dass die Gebote gehalten werden müssen. Es verwundert nicht, dass mein religiöses Leben beendet war, als ich meine erste eigene Wohnung bezog.

Es waren schmerzhafte Erlebnisse, die mich die Existenz Gottes weiter in Frage stellen ließen: Ich war 19 Jahre alt. Marco, meine erste große Liebe, und ich hatten gerade das Abitur in der Tasche und den Kopf voller Pläne, als Marco mit dem Auto verunglückte, weil er auf einer Geburtstagsfeier bei mir zu viel Alkohol getrunken hatte – und ich hatte es nicht verhindern können!

In den sieben Wochen, die von dem Unfall bis zu seinem Tod vergingen, lag er im Koma. Es war für mich eine Zeit, in der ich auch selbst kaum leben konnte. In der Nacht vor dem Tag, an dem er starb, hatte ich einen Traum: Marco saß unter einem wunderschönen alten Baum mit einer riesigen Blätterkrone und sagte mir, dass er jetzt über den Berg sei und es ihm gut gehe. – Es war der erste Morgen, an dem ich hoffnungsvoll aufwachte.

Als wenige Stunden später der Anruf mit der Todesnachricht kam, zerbrach meine Welt. Wenn es Gott gäbe, hätte er uns doch nicht im Stich gelassen! Durch den schönen Traum fühlte ich mich zusätzlich getäuscht.

Heute verstehe ich den Traum anders. Für mich spricht er von Marcos Abschied und seinem Übergang in eine Welt, in der es keine Schmerzen und Tränen gibt. Jetzt bin ich für diesen Traum sehr dankbar. Damals war ich nur unendlich traurig. Ich hatte noch einen langen Weg vor mir, bis ich diesen Traum so sehen und wie Zachäus auf dem Baum die Einladung von Jesus hören konnte.

Einige Jahre nach dem Unfalltod meines Freundes musste ich den nächsten lieben Menschen, meinen Schwiegervater, durch eine Krebserkrankung gehen lassen. Das war zu viel. Ich trat aus der Kirche aus. Gott war für mich gestorben.

Aber Gott ließ mich nicht aus seinen Händen. Er stellte mir im Laufe der nächsten Jahre eine Freundin zur Seite, die Christin ist. Durch sie habe ich mich über längere Zeit hinweg dem Glauben wieder behutsam annähern können. Ich stieg wie Zachäus „vom Baum herab".

Durch die intensiven Gespräche in unserem Hauskreis verstand ich zum ersten Mal, dass Gott ein liebender Vater ist und ich ihm wichtig bin. Ich lernte, dass Gottes Charakter sich in seinem Sohn Jesus zeigt und ich keine Angst vor ihm haben muss. Ich kann mir meinen Platz bei Gott auch nicht durch „gute Taten" verdienen, sondern nur durch vertrauensvolle Hinwendung, dadurch, dass ich die Einladung Gottes annehme. Während der Hauskreisabende fühlte ich mich ihm sehr nahe. Im Alltag aber fühlte ich mich oft sehr entfernt von Gott. Ich spürte, dass ich das Zusammensein mit Christen brauchte, um meine ersten Schritte zu wagen.

Mein Mann beobachtete meine Entwicklung mit Skepsis. Er war auch aus der Kirche ausgetreten und lehnte es ab, mit mir über die Gedanken, die ich vom Hauskreis mitbrachte, zu sprechen. So geschah es, dass ich mich immer mehr zu Gott hingezogen fühlte, es in meinem Alltag aber kaum zum Ausdruck brachte. Nur selten ging ich in einen Gottesdienst, und aus Rücksicht auf meinen Mann sprach ich auch mit unseren beiden Kindern nicht über den Glauben. Ich lebte gegen meine innere Überzeugung und Sehnsucht und wagte nicht, diese Haltung aufzugeben. Mir fehlte der Mut. Sicherlich scheute ich auch die Auseinandersetzungen mit meiner Familie, weil ich mich selbst erst an die Veränderung gewöhnen musste. Je länger ich mich nicht authentisch verhielt, desto unruhiger wurde ich. Im Gebet wurde mir immer mehr bewusst, dass ich mich „outen" musste. Gleichzeitig war ich überzeugt, dass sich erst an den äußeren Bedingungen etwas ändern müsste, bevor ich meine innere Einstellung leben konnte. Es tat sich aber nichts. Zu dieser Zeit erkannte ich noch nicht, dass ich nur den ersten Schritt in die richtige Richtung hätte wagen müssen. Wie oft in meinem Leben ging ich nicht den direkten Weg.

Ja, ich sage es noch einmal: Sei mutig und entschlossen! Lass dich nicht einschüchtern, und habe keine Angst; denn ich, der Herr, dein Gott, bin bei dir, wohin du auch gehst. Josua 1,9

Als ich im Herbst 2001 an Brustkrebs erkrankte, war ich am Ende der Sackgasse angekommen. Von diesem Punkt an erlebte ich ganz bewusst eine Kehrtwende. Ich spürte: Kein Mensch kann mir jetzt eine Perspektive geben. Meine engsten Vertrauten waren genauso gelähmt wie ich. Die Angst vor dem Tod wurde mein ständiger Begleiter. Gleichzeitig fühlte ich, dass dieser radikale Einschnitt eine Chance zum Neubeginn war. Dieses Gefühl wollte in mir lebendig bleiben und nicht wie nach dem Erlebnis mit dem Gummibärchen verdrängt werden. Ich ging von nun an sehr regelmäßig zum Gottesdienst und erlebte dort den Zuspruch, den ich so sehr brauchte. Gott begegnete mir in den Menschen, die mich in dieser hochdramatischen Lebenssituation begleiteten. Es ging mir körperlich durch die Chemotherapie oft schlecht, aber ich war nie hoffnungslos.

Was mir seitdem zu schaffen macht, ist, dass ich nie sicher sein kann, von dieser Krankheit geheilt zu sein. Mir fallen die unzähligen Geschichten aus der Bibel ein, in denen Jesus Menschen von ihrem Leiden befreit. In meinen Gebeten findet sich dieser Wunsch natürlich auch wieder, aber ich spüre, dass ich es nicht in der Hand habe. Mein Leben befindet sich in Gottes Hand. Ich möchte es ihm vertrauensvoll überlassen und merke, wie schwierig es ist zu sagen: „Dein Wille geschehe!"

In der Krankheitszeit wuchs in mir trotz aller Ängste Mut. Ich spürte deutlich, dass die Krankheit mir die Chance und Aufgabe gab, bestimmte Dinge zu klären, etwas, was ich lange vor mir hergeschoben hatte.

Die erste Chance, aber auch schwierige Aufgabe zeigte sich mir sofort: Gleich am Tag nach der niederschmetternden Diagnose traf ich auf dem Krankenhausflur eine Frau wieder, die ich über 20 Jahre nicht gesehen hatte. Uns verbindet eine schmerzliche Erfahrung. Ihr Ehemann war über Jahre der Geliebte meiner Mutter. Dieser Mann könnte auch der biologische Vater meiner jüngeren Schwester sein. Ein Test wurde nie veranlasst. Diese Frau hat immer um ihren Mann gekämpft, obwohl sie sehr verletzt war. Ich konnte als kleines Mädchen nicht offensiv mit diesem Problem und den damit verbundenen massiven Ängsten umgehen. Ich bin die Älteste von vier Kindern und war damals, mit zehn Jahren, alt genug, um zu sehen, dass es nicht in Ordnung war, wenn meine Mutter einen anderen Mann als meinen Vater küsste. Ich machte in erster Linie meine Mutter für die katastrophale Familiensituation verantwortlich, konnte aber auch nicht verstehen, warum mein Vater nicht eingriff. Meine Eltern lösten ihre Probleme nicht und täuschten nach außen eine heile Welt vor. In Wirklichkeit gab es laute Streitereien im Wechsel mit langen Schweigezeiten. Mal war ich meinen Eltern sehr zugeneigt, mal lehnte ich sie ab – dieses Hin- und Hergerissensein konnte ich kaum ertragen. Ich zog mich innerlich immer mehr aus der Familie zurück, was weitere Probleme nach sich zog. Es war mir nicht möglich, mit meinen Eltern offen zu sprechen oder mich anderen Erwachsenen anzuvertrauen. Jahre vergingen, und schließlich zerbrach das Verhältnis zu meinen Eltern. Ich hatte mehr als sechs Jahre keinen Kontakt zu ihnen.

Und nun stand plötzlich diese Frau vor mir! Ich ergriff die Chance und kam mit ihr ins Gespräch. Schon innerhalb der ersten Minuten kamen wir auf „das Thema" zu sprechen. Es sprudelte nur so aus ihr heraus. Mir tat es sehr gut, mit ihr zu sprechen, jemanden zu haben, der mich in dieser Sache wirklich verstand.

Ein paar Wochen später gelang es mir sogar, mit meiner Mutter darüber ins Gespräch zu kommen. Dazu hatte mich die Frau aus dem

Krankenhaus ermutigt. Dass ich gerade zu diesem Zeitpunkt die Begegnung mit meiner schmerzlichen Vergangenheit hatte, ist kein Zufall, davon bin ich überzeugt. Gott sieht meinen Wunsch nach Heilung und führt mir vor Augen, was mich konkret davon abhält.

Zu diesem Heilungsprozess gehört auch eine Gesprächstherapie. Ich nehme die Herausforderung an, selbstverantwortlich mein Leben zu gestalten und dabei Gott immer mit einzubeziehen. Mein Wunsch ist es, die Verletzungen aus der Vergangenheit nicht mehr zu verdrängen, sondern Frieden zu erfahren. Meinen Eltern ist es, aus welchen Gründen auch immer, leider nicht möglich, sich auf diesen Prozess einzustellen.

Es fällt mir sehr schwer zu verzeihen, aber ich spüre immer mehr, wie nötig es ist. Ich vertraue hier ganz auf Gott, weil ich es aus eigener Kraft nicht schaffe.

Auf dem Weg zum inneren Frieden habe ich den Psalm 139 für mich entdeckt:

Ob ich sitze oder stehe – du weißt es,
aus der Ferne erkennst du, was ich denke.
Ob ich gehe oder liege – du siehst mich,
mein ganzes Leben ist dir vertraut.
Du hast mich geschaffen – meinen Körper und meine Seele.
Als ich gerade erst erstand, hast du mich schon gesehen.

Ich habe durch diesen Text zum ersten Mal wirklich verstanden, dass Gott nicht erst mit meiner Einladung in mein Leben getreten ist, sondern dass er mich von Anfang an begleitet hat. Er hat mit mir die schönen, aber auch die schweren Momente meines Lebens durchlebt. Er kennt mich ganz genau. Diese Erkenntnis tröstet mich sehr, weil ich ihm nichts erklären muss.

Ich bin sehr froh, mich auf das Abenteuer, bewusst mit Gott zu leben, eingelassen zu haben. Täglich erfahre ich, um wie viel reicher mein Leben jetzt ist. Ich finde es sehr schade, dass ich so lange gezögert habe. Gleichzeitig bin ich sicher, dass dieser Weg für mich nötig war.

„Ist es schon zu spät, Herr Pastor?"

Vor hundert Jahren sah die Welt in der großen Stadt Berlin gar nicht so anders aus als heute. Da gab es Leute, die zur Kirche gehörten, und solche, die ihr den Rücken gekehrt hatten. Da gab es die kleinen Kinder, die zur Taufe getragen wurden, und solche, die auch ohne „det bisschen Wasser anständje Menschen" werden sollten. So drückten sich Marthas Eltern aus, und als die Tochter als junges Mädchen darum bat, nun doch wenigstens in den Konfirmandenunterricht gehen zu dürfen, hieß es klipp und klar: „Uff keenen Fall!" So ließ Martha Gott heimlich in ihr Herz einziehen und fand ihre versteckten Wege, in die Kirche zu gehen. Die Eltern starben, der Bräutigam Paul kam. Der führte sie vor den Traualter, ein guter Protestant, der selbstverständlich annahm, seine Braut wäre das auch. So wie überhaupt keiner mehr Martha fragte, ob sie denn nun getauft sei oder nicht. Warum auch, gehörte sie doch schon lange zu denen, die einfach dabei waren: im Gottesdienst, beim Abendmahl – 70 Jahre ging das so. Der Zeitpunkt war verpasst, zu dem Martha hätte sagen können: „Aber eigentlich bin ich noch nicht ..."

„Doch in all den Jahren habe ich gespürt, das mir etwas fehlt, Herr Pastor. Und ich kam mir ein bisschen vor wie eine Betrügerin." Martha ist jetzt 95 Jahre alt, wohnt in einem evangelischen Pflegeheim, der junge Pastor sitzt an ihrem Bett. Der über 70 Jahre alte Sohn hat vom heimlichen Kummer seiner Mutter erfahren und den Pastor zu ihr geschickt: „Eins, Herr Pastor, will ich Ihnen aber noch sagen: Ich will das nicht, weil ich Angst vor dem Tod habe. Ich weiß, dass ich in den Himmel komme, auch wenn ich nicht getauft bin, denn Gott liebt mich trotzdem. Aber ich würde doch so gern diesen Augenblick erleben, endlich getauft zu sein. – Ist es schon zu spät?"

Natürlich nicht. Martha hat diesen Augenblick erlebt, und ihr Gesicht war nass vom Taufwasser und den Freudentränen.

Mut und Wut – Eine Ordensschwester kämpft gegen Menschenhandel

Dr. Lea Ackermann (65), Lehrerin und Ordensfrau, ist Gründerin von SOLWODI e.V.

Ob ich mutig bin? Eigentlich habe ich immer gedacht, ich bin ein eher ängstlicher Typ. Ich erinnere mich daran, dass ich als Kind Angst hatte, wenn meine Eltern nicht im Haus waren, und dass meine Großmutter, die ein noch ängstlicherer Typ war, durch ihre Versuche, mich zu beruhigen, mir noch mehr Angst einflößte. Aber wenn ich jetzt, mit 65 Jahren, auf mein Leben zurückblicke, muss ich sagen: Ich habe mich durch meine Angst nie daran hindern lassen, irgendetwas zu tun, das ich für richtig hielt.

Mein erster Entschluss, den andere wahrscheinlich für mutig hielten, war der, ins Kloster zu gehen. Ich war eine ganz normale junge Frau, 23 Jahre, ich war geschminkt, ging gerne tanzen, trug hohe Absätze und arbeitete bei einer Bank im Saarland. Keine von meinen Freundinnen wusste, mit welchen Gedanken ich mich trug. Im Blick aufs Kloster hatte ich Angst, man könnte mir sagen: „Was will die bei uns? Die ist doch total weltlich." Und im Blick auf mein Zuhause hatte ich Angst vor einem riesigen Krach. Meine Mutter war eine fromme Frau und wünschte sich sicher, dass junge Leute ins Kloster gehen, aber dabei dachte sie wohl eher an die Kinder aus anderen Familien. Und dass mein Vater mich für verrückt erklären würde, war klar. Ich glaube, es war Vorbeugung, dass ich mir keinen Notausgang ließ. Ich kündigte bei der Bank, ging nach Hause und sagte: „Ich gehe ins Kloster, und ich habe auch schon gekündigt." Mein Vater brüllte los, meine Mutter brach in Tränen aus, aber ich hatte mich entschieden.

In der folgenden Zeit sagte mein Vater ab und zu: „Das ist so eine Spinnerei. Die kommt bald wieder." Und nachdem ich einige Jahre Ordensschwester war, sagte er: „Die ist so stur, die bleibt sogar im Kloster."

Es war schon eine Umstellung, im Kloster zu leben: die Tracht, die ärmlichen Wohnverhältnisse: Schlafzellen, Bänke statt Stühle, Strohsäcke statt Matratzen, Stillschweigen und lange Gebetszeiten.

Ich wollte nach Afrika, aber bis ich dahin kam, dauerte es sieben Jahre: Postulat, Provinziat, Theologie-Studium und Ausbildung zur Lehrerin.

Meine erste Berührung mit dem Thema Prostitution und Menschenhandel reicht in die Zeit vor meinem Eintritt ins Kloster zurück. Die Landesbank Saarbrücken hatte eine Schwesterbank in Paris gegründet, die heutige „Banque franco-allemande". Ich wechselte in den Pariser Zweig und sah auf meinem Weg durch die Stadt die Frauen, die dort an der Straße standen. Und immer war da der Gedanke: Was habe ich ein Glück, dass ich behütet in einer religiösen Familie aufwachsen konnte und nicht am Straßenrand gelandet bin! Ich habe das nie als mein Verdienst angesehen, sondern war einfach dankbar. Dennoch traute ich mich nie, eine dieser Frauen anzusprechen, weil ich Angst hatte, sie könnten das als Neugierde oder Voyeurismus auslegen.

Nach meinem Studium ging ich zur Ausbildung von Lehrerinnen nach Ruanda. Auch da war mein Gedanke: Die Frauen müssen gute Startbedingungen bekommen, damit sie im Leben eine Chance haben. Das Lehrerinnenseminar war eine reine Mädchenschule, an der auch afrikanische Lehrer unterrichteten. Offensichtlich hatten sie manchmal Angst, ich könnte die Mädchen dazu verleiten, zu eigenständig und zu unabhängig in ihrem Denken zu werden. Jedenfalls wollten sie immer gerne den Unterricht nach meiner Stunde übernehmen, um „den Mädchen wieder den Kopf zurechtzurücken".

Ich war als Schulleiterin mit Leib und Seele engagiert, trug zusammen mit den Schülerinnen Steine (sie auf dem Kopf, ich mit den

Händen), baute neue Klassenräume und dachte, ich sei mit meinem „Lebenswerk" beschäftigt. Aber als ich zwischen 45 und 50 war, rükkte ein anderer Gedanke in den Vordergrund: Du bist doch eigentlich ins Kloster gegangen, um für die Armen einzutreten, sagte ich mir. Für die, die an den Rand gedrückt worden sind und keine Chance haben. Deine Schülerinnen hier haben eine Schulbildung und werden bald schon andere ausbilden. Sie sind auf einem guten Weg und brauchen dich im Grunde genommen nicht mehr. Und wer sagt denn, dass unser europäisches Schulsystem für Afrika wirklich das Richtige ist? Klafft nicht die Schere zwischen denen, die „überausgebildet" sind, und denen, die immer noch nicht lesen, schreiben und rechnen können, schon immer weiter auseinander?

Ich hatte inzwischen Paulo Freire kennen gelernt und fand seine Methoden und Inhalte viel angemessener und richtiger als meine Arbeit. Er machte unendlich viele Menschen aus den untersten Bevölkerungsschichten mit den modernen Kulturtechniken wie Schreiben, Lesen und Rechnen vertraut und bereitete sie auf das Leben in ihrer Gesellschaft und auf notwendige Veränderungen vor.

Ich selbst hatte in meinem Leben so viele Chancen gehabt, ich wollte nun etwas für die tun, die nie irgendeine Chance hatten. Weltweit sind 80% aller Armen, aller Ausgegrenzten und Chancenlosen Frauen und Kinder unter 18 Jahren. Für sie wollte ich da sein und mit ihnen arbeiten.

Wo kämen wir hin, wenn alle sagten, wo kämen wir hin, und niemand ginge, um zu schauen, wohin man käme, wenn man ginge? Kurt Marti

Ich ging also zu meinen Oberinnen und sagte ihnen, dass ich den Schuldienst quittieren und mich lieber um Frauen, um ausgegrenzte und diskriminierte Frauen, also um Prostituierte kümmern wollte.

Ich bekam eine Ernennung, aber nicht zu dieser Arbeit, sondern zur Mitarbeit an einem Lehrerfortbildungsprojekt in Mombasa, Kenia. Ich zog dort hin und sagte den Schwestern, dass ich zwar gerne ab und zu ein Referat halten könnte, aber mich ansonsten einer anderen Aufgabe widmen wollte, den Prostituierten in der Touristen- und

Hafenstadt Mombasa. Sie verstanden mich und gaben mir die Freiheit, die ich brauchte.

In Mombasa, in dem viele Touristen aus westlichen Ländern ihr billiges Vergnügen suchen, gibt es so genannte Kontakt-Cafés. Ich ging in so ein Café, setzte mich zu einer oder zwei Frauen an den Tisch und begann ein Gespräch. Ich trug damals übrigens schon seit Jahren kein Ordensgewand mehr; rein äußerlich war ich also nicht als Nonne zu erkennen. Ich wollte mich gerade hier auch nicht durch meine Kleidung abheben und als eine Art Unberührbare erscheinen. Für meine Gespräche entwickelte ich im Lauf der Zeit eine Art Methode: Ich erzählte, dass ich in Kenia sei, um Frauen in Schwierigkeiten zu helfen und zu schauen, was man zusammen machen könne, aber sie seien ja jung und hübsch und hätten sicher keine Probleme ... Die Frauen sprudelten sofort los und ließen mich an ihren Sorgen teilhaben.

Wir unterhielten uns in einem Gemisch aus Englisch und Kisuaheli, und oft merkte ich, dass diese Prostituierten sehr religiöse Frauen waren, die zu einer Ordensschwester leicht Vertrauen fassten.

Dort in Mombasa wurde SOLWODI gegründet, „Solidarity with Women in Distress" (Hilfe für Frauen in Not). Aus einer verfallenen Schule, aus zwei großen Räumen bestehend, die der Bischof und die Pfarrei zur Verfügung gestellt hatten, wurde das Solwodi-Zentrum. Wir mussten nur noch Dach, Fenster und Türen ergänzen.

Bei der Arbeit für dieses Zentrum habe ich Situationen erlebt, in denen ich all meinen Mut zusammennehmen musste. In Mombasa gibt es ein Viertel, das *Mombetiari* heißt („hinter dem Markt"). Dorthin kommen keine reichen Touristen, sondern einfache afrikanische Männer. Es ist wirklich ein Elendsviertel mit Elendsprostitution. Die heißt dort *tanu-tanu*, etwa: „fünf Minuten für fünf Groschen". Um „hinter den Markt" gehen zu können, musste ich mich verkleiden und von einer Afrikanerin begleiten lassen. Selbst die Polizei meidet abends diese Straßen. Ich habe mich dort sicher in kritische Situationen gebracht, aber das hat mich nicht abgehalten, das zu tun, was ich dort für die Frauen tun konnte.

Für eine ganze Reihe von Frauen fanden wir Ausstiegsmöglichkeiten: Einige besuchten Nähkurse, um später eine Anstellung zu finden oder eine eigene Nähstube aufzumachen. Andere, die zur Schule gegangen waren, machten eine Ausbildung zur Sekretärin, zur Buchhalterin oder Telefonistin. Das machte die Frauen zum einen finanziell eigenständig und stärkte zum anderen ihr Selbstwertgefühl, weil sie in einem anerkannten Beruf ihren Lebensunterhalt verdienten.

Ich sah meine Arbeit auch als eine Art Wiedergutmachung für das, was ihnen durch deutsche und andere Touristen angetan worden war.

1988 kehrte ich nach Deutschland zurück. Zentralstelle von SOLWODI wurde das ehemalige Pfarrhaus in Boppard. Die internationale Arbeit leite ich nun von hier aus. Nach der anfänglich eher bewusstseinsbildenden Phase entstanden nach und nach Beratungszentren und Schutzwohnungen für Frauen, die als Ware nach Deutschland gebracht worden sind.

Inzwischen sind wir 34 Frauen, die mit einer Ganztags- oder Teilzeitstelle mitarbeiten, dazu kommen viele Ehrenamtliche. In Deutschland nimmt das Problem von Zwangsprostitution und Menschenhandel seit der Öffnung des Ostens immer noch zu. Inzwischen unterhalten wir Beratungsstellen für Frauen in Mainz, Passau, Koblenz, Duisburg, Osnabrück und Braunschweig. Wir kämpfen gegen Prostitutionstourismus und helfen auch Frauen, die durch Heiratsvermittler nach Deutschland gekommen sind und in Gewaltbeziehungen leben. Es gibt unendlich viel zu tun, und der Weg zu einer konsequenten Strafverfolgung von Menschenhändlern und Profiteuren aller Art von Prostitution ist noch weit. Außerdem ist es wichtig, im Heimatland der Frauen Hilfen für die Reintegration jener zu finden, die Deutschland verlassen müssen, weil sie abgeschoben werden – oft, bevor sie in einem Prozess gegen ihre Ausbeuter als Zeugin auftreten konnten! Da geht es um das Finden zuverlässiger Partner, besonders in Staaten wie Rumänien, Moldawien, der Ukraine und so weiter. Es müssen Spenden gesammelt werden, wir brauchen juristische Beratung, wir begleiten Opfer zu Prozessen, wir bemühen uns darum, dass Kinder von deutschen Vätern die deutsche Staatsangehörigkeit bekommen ... Momente der Verzagtheit und Mutlosigkeit gibt es da auch mal, besonders wenn ich überarbeitet bin und zu wenig geschlafen habe. So seltsam es klingt: Was mir dann hilft, ist meine Wut. Es macht mich so unglaublich wütend, wenn wir eine Frau ein Dreivierteljahr lang mehrmals pro Woche zu Gericht begleiten, und dann bekommt der Menschenhändler, der durch seine Verbrechen auch noch reich geworden ist, eine kleine Bewährungsstrafe. Diese Wut rettet mich vor der Resignation. Ich bekomme dann neue Kraft, um alles, was uns möglich ist, zu unternehmen. Ich telefoniere, schreibe, setze alle Hebel in Bewegung – Wut ist für mich ein sehr positives Element.

Und immer bin ich wütend auf die Reichen, die richtig Reichen, die nach Paris fliegen, um sich ein paar Schuhe zu kaufen. Wenn die ein bisschen von ihrem Reichtum teilen würden, könnten wir so viel mehr tun!

Manchmal sagen mir Menschen, dass sie sich nicht so engagieren könnten wie ich. Dazu fehle ihnen der Mut, und außerdem sei das alles ja doch nur ein Tropfen auf den heißen Stein, und das Elend in der Welt sei ein Fass ohne Boden ... Ich habe mir nie hohe Ziele gesetzt. Ich wollte nie die Menschheit retten und den Hunger in der Welt besiegen. Ich habe immer das getan, was an diesem Tag gerade notwendig und möglich war, und so hat sich eins aus dem anderen ergeben. Wenn man anpackt, wächst einem der Mut zu. Es ist eigentlich egal, wo man anfängt, man muss nur etwas tun. Ich habe immer wieder zu Gott gesagt: „Wenn ich einer einzigen Frau helfe, dass sie wieder Mut fasst und sieht, dass sie ihr Leben meistern kann, wenn ich das bei einer einzigen Frau erreiche, das reicht mir. Dann hat sich mein Einsatz gelohnt."

Beinahe alles kommt von beinahe nichts.
Henri Frédéric Amiel

Gesprächsprotokoll: Hanna Schott

SOLWODI e.V.
Propsteistr. 2 · 56154 Boppard
Tel.: 06741/934152
www.solwodi.de · E-Mail: Solwodi@t-online.de

Mut ist männlich?! – Überlegungen eines Therapeuten

Dr. Ulrich Giesekus (45) ist Psychologe mit einer Praxis in Freudenstadt, Referent, Buchautor und Vater von vier Kindern.

Das kann man ganz einfach im „Duden" nachschlagen: *Mut, der (m.)* steht kurz vor *Mutation.* Wenn die alphabetische Reihenfolge auch eigentlich nichts mit Sinnverwandtschaft zu tun hat, liegt doch die Frage nahe: Wenn Mut männlich ist – müssen Frauen dann mutieren, um mutig zu sein? Gar zum „Mann-Weib" werden?

Manches spricht ja dafür, dass sich die Männlichkeit des Mutes nicht nur auf die Sprache beschränkt. Sie treibt sich auch in unseren Köpfen und gesellschaftlichen Vorstellungen herum, und man findet sie sogar in biblischen Texten wieder. Oder was meint Paulus, bitte schön, in 1. Korinther 16,13, wenn er sagt: „Wachet, stehet im Glauben, seid *männlich* und seid stark"?

Alles alte Zöpfe, kalter Kaffee?
   Bevor Sie sich zu schnell von den überalterten Vorstellungen unaufgeklärter Zeitgenossen distanzieren, stellen Sie sich bitte ehrlich die Frage: Bin ich mir ganz sicher, dass in meinen eigenen Vorstellungen nicht doch ein ganz kleines bisschen die Vorstellung regiert, mutige und starke Frauen wären eher unfeminin? Wer würde nicht zumindest schmunzeln bei der Vorstellung, dieses wäre ein „Männer-Mutmach-Buch"? Einmal abgesehen von den Verkaufszahlen, die ein solches Projekt für jeden Verlag unattraktiv machen würden – wäre das nicht genauso sinnvoll? Oder sind Männer etwa wirklich mutiger?

Und was ist eigentlich „Mut"? Dazu sagt der Duden nicht viel. Mehr findet sich schon im „Grossen Brockhaus": „... *Der Mut erwächst auf dem Grund natürl. Selbstvertrauens, Kraft- und Wertgefühls, auch in der Not als einziger möglicher Ausweg (Mut der Verzweiflung). Die Art der zu bestehenden Gefahr unterscheidet den M., der Leben oder ernstl. Verletzung wagt, von dem, der im Dienst sozialer Ordnungsideale eigene wirtschaftl. oder gesellschaftl. Nachteile riskiert (Zivilcourage). Vorsicht und Bedachtsamkeit schließt der M. nicht aus.*"

Aha! Da haben wir die Bestandteile des Mutes – und natürlich sind weder *die* Zivilcourage noch *die* Verzweiflung, auch *das S*elbstvertrauen und *das* Wertgefühl männlich, schon gar nicht, wenn *die* Vorsicht und *die* Bedachtsamkeit dazu kommen. Und das nicht nur sprachlich gesehen. Männer haben vielleicht gelernt, in vieler Hinsicht rücksichtsloser und mit mehr Ellenbogen ihre Ziele zu verfolgen; sie sind aggressiver (das macht wohl auch das Testosteron in ihren Adern); sie sind gesellschaftlich dazu verpflichtet (oder verdammt?), ihre Ängste ja niemandem zu zeigen und am besten gleich auch selber nichts davon zu spüren; und (wirklich ein Vorteil gegenüber vielen Frauen): Männer entscheiden ihr Handeln weniger danach, was andere von ihnen erwarten oder wollen, sondern häufiger aufgrund der eigenen Fähigkeiten, Interessen, Bedürfnisse, Ziele und äußeren Möglichkeiten. Aber wirklich *mutiger* sind sie nicht, wenn man dem äußeren Eindruck nicht zu sehr traut. Selbstzweifel, Minderwertigkeitsgefühle, Ohnmacht und Ratlosigkeit sind vielleicht besser versteckt, aber nicht weniger vorhanden. Daher gelten die nachfolgenden „Mutmach-Tipps" leider und glücklicherweise auch für Männer, falls die sich in die Leserschaft verirrt haben sollten.

Überzeugen Sie sich also zuerst einmal selbst: Eine Frau zu sein und zugleich stark und mutig zu sein, ist kein Widerspruch. Und wenn Sie der Meinung sind, starke Frauen würden nicht geliebt: Überprüfen Sie diese Einstellung! Ich glaube das nicht, sondern beobachte, dass Menschen mit Minderwertigkeitsgefühlen sich starken Menschen unterlegen fühlen. Starke Frauen werden von schwachen Männern gefürchtet, wie auch starke Männer von schwachen Frauen. Und vielleicht manchmal bewundert. Aber weniger attraktiv ist eine Frau sicherlich nicht, nur weil sie stark ist. (Und natürlich ruft Paulus nicht dazu auf, sich nach bestem Vermögen um den Erwerb der XY-Chromosomen zu bemühen. Männer und Frauen werden ermutigt: Ihr seid erwachsen! Seid mündig! Seid stark!)

Mutmach-Tipp 1: Tue das, was zu dir passt!

Der beste Mutmacher ist Freude am eigenen Handeln – und auch die beste Voraussetzung für Erfolg. Dazu muss ich wissen, wie ich begabt bin, was meine Interessen ausmacht, muss meine typischen Denk-, Gefühls-, Handlungs- und Beziehungsmuster erkennen. Also wissen: Wer bin ich? Oder besser: Wie bin ich? Und: Wo soll und kann ich mich ändern? Wo kann ich so bleiben, wie ich bin – oder wo muss ich vielleicht sogar so bleiben?

Schon die alten Griechen haben sich mit dem „Charakter" beschäftigt und entschieden, dass es vier Temperamente gibt, die unser Leben bestimmen: das der Choleriker, Melancholiker, Phlegmatiker und Sanguiniker – Begriffe, die auch heute noch gebräuchlich sind und leider die Gefahr in sich bergen, als „Schublade" zu dienen. „Du Choleriker" heißt dann vielleicht nichts anderes als: „Ich trau dir nicht zu, dass du dich ändern kannst – du machst Stress und das wird wohl so bleiben. Und tschüss." Oder: „Ich bin halt ein melancholischer Typ" heißt: „Ich kultiviere meine schlechte Laune und suhle mich im Weltschmerz. Hoffentlich merkt ihr nicht, wie ich euch damit manipuliere."

Unbestritten: Es gibt Wesenzüge, die unser Leben wesentlich bestimmen. Prägungen aus der Kindheit führen bei der einen dazu, dass sie sehr harmoniebedürftig ist, bei einer anderen entwickelt sich ein ausgesprochen starker Freiheitsdrang. Während eine Person die Bleistifte rechtwinklig und parallel auf dem Schreibtisch platziert, bleibt die andere kreativ-chaotisch ...

Seit Psychologen die unterschiedlichen Persönlichkeiten auch wissenschaftlich erforschen, sind ein paar Fakten ziemlich klar geworden:

1. Alle Schubladen sind Quatsch. Persönlichkeitseigenschaften beschreibt man nicht als „Typ", sondern sinnvollerweise als „Wesenszüge". Die haben zwei Pole (z.B. introvertiert – extrovertiert) und die meisten Menschen sind in der Mitte angesiedelt. Die extremen Ausprägungen kommen vor, sind aber selten. (Wie bei der Schuhgröße: Größe 33 und 52 kommen selten vor, 38 bis 42 viel häufiger.)
2. Es gibt Wesenszüge, die sind sehr stabil, und andere, die sich mit der Zeit von alleine oder mit mehr oder weniger starker Anstrengung ändern können. Zu den stabilsten Eigenschaften gehören im Beziehungsstil das Bedürfnis nach Nähe bzw. Distanz; im Ordnen des Alltags das Bedürfnis nach Veränderung bzw. festen Strukturen; in der Art des Denkens die Tendenz zu hintergründigem, abstrakten Denken oder konkreten, eher einfachen Mustern, wobei das Letztere auch etwas von der Intelligenz abhängig zu sein scheint.
3. Der Begriff „Persönlichkeit" beinhaltet per Definition wertfreie Eigenschaften. Auch wenn diese in einer bestimmten Situation mehr oder weniger hilfreich sein können, sind sie nicht *an sich* gut oder schlecht. Also: Während es nicht richtig oder falsch ist, eine „Buchhalterpersönlichkeit" oder eher ein „Künstlertyp" zu sein, kann es echt schwierig werden, wenn ein Steuerberater die Steuererklärungen kreativ gestaltet oder ein Musiker mitten im letzten Satz des Konzertes aufhört, weil um 21:00 h Feierabend ist.

Die Bibel kennt ein starkes Bild, um das Zusammenleben unterschiedlicher Persönlichkeiten zu beschreiben: Wie in einem menschlichen Körper das Zusammenspiel von Hand, Fuß, Nase, Ohr und Mund davon abhängt, dass jedes Körperteil seine eigene Aufgabe wahrnimmt, dienen die Unterschiedlichkeiten in der Vielfalt am Ende dem ganzen Organismus. In anderen Worten: Es gibt keine berechtigten Wertungen. Paulus weiß aber auch, dass Menschen fälschlicherweise bewerten – und fordert die christliche Gemeinde dazu auf, die mehr zu ehren, die normalerweise weniger ehrbar erscheinen.

Die Aufgabe, die eigenen Begabungen und Interessen mit den Möglichkeiten und Anforderungen unserer Welt in Einklang zu bringen, ist heute extrem wichtig – und gar nicht einfach. Wir haben z.B. in unserer Berufswelt ein so hohes Maß an Spezialisierung erreicht und stehen so unter Leistungsdruck, dass man mit sehr viel höherer Wahrscheinlichkeit gesund und fröhlich überlebt, wenn das, was man tut, zu dem passt, wer man ist.

Um sich hier besser kennen zu lernen, schlage ich ein paar Grundregeln vor:

1. Keine Angst vor Feedback!

Wie andere mich erleben, ist nicht „die Wahrheit", aber es enthält wichtige Hinweise für die Selbstwahrnehmung. Wie sehen andere meine Begabungen? FreundInnen, KollegInnen, Eltern, Geschwister, Vorgesetzte? Ergibt sich ein Muster, das diese Fremdbilder durchzieht? In der Regel sind ungefragte Feedbacks weniger hilfreich (weil sie eher dem Bedürfnis dessen entspringen, der die Mitteilung macht). Erbetene Rückmeldungen sind objektiver (wenn sie ehrlich sind, aber das liegt oft auch an der Art der Frage: „Nicht wahr, du findest auch, dass ich eine begabte Managerin wäre, oder?" bringt wenig.) Fällt es mir schwer, dieses Muster zu akzeptieren? Wo möchte ich kämpfen? Was will ich annehmen? Martin Buber sagt: „Der Mensch wird am Du zum Ich." Recht hat er! Es gibt keinen Weg zum Selbst, der nicht über die Begegnung mit anderen – Menschen und Gott – geht. Vor der Meinung Gottes haben manche Christen besonders viel Angst: Wahrscheinlich will Gott, dass ich genau das machen soll, was ich am wenigsten will! Quatsch. Wenn Gott die Eichhörnchen so geschaffen hat, dass sie auf Bäume klettern, sollen sie nicht am Wettschwimmen teilnehmen. Dafür haben die Aale nichts auf Bäumen verloren. Also: Keine Angst vor Gottes Rückmeldung – er kennt mich und sagt Ja zu mir. Zur Ruhe kommen, beten, hören und Gottes Geist um Führung bitten ist kein Ersatz für Denken, Entscheidungsfähigkeit, Willensbildung und Vernunft. Beides gehört zusammen. Gott will „erwachsene" (also mündige) ChristInnen, die in der Beziehung mit ihm leben.

2. Unterscheiden, was zum „harten Kern" der Persönlichkeit gehört und was änderbar ist.

Auch das geht in der Regel am besten im offenen, persönlichen bzw. seelsorgerlichen Gespräch: Ich muss und will klären, was zu den Wurzeln meiner Persönlichkeit gehört, und was Äste sind, die es zu fördern oder zu beschneiden gilt. Dazu ein paar Fragen:

Ist die Eigenschaft, um die es geht, eher ein Bedürfnis (tief verankert) oder ein Verhaltensmuster (änderbar)? Ist die Eigenschaft langsam und stetig entwickelt worden, also durch Prägungen (z.B. Geschwisterfolge) entstanden oder eher durch einzelne Ereignisse, deren Einfluss auf die Persönlichkeit weniger dauerhaft ist? War ich „schon immer so"? Gibt es ernsthafte, aber erfolglose Versuche der Änderung? Last not least: Möchte ich die Eigenschaft ändern oder gehört sie zu meiner Identität?

3. Gründlich Daten sammeln. So viele Fakten wie möglich berücksichtigen.

Neben einer Vielfalt von persönlichen Gesprächspartnern ist es eine der besten Möglichkeiten, zu guten „Daten" zu kommen, wenn man verschiedene Testverfahren nutzt. Die objektiven Daten, die ein gutes Testverfahren liefert, können bei qualifizierter Interpretation wirklich praxisrelevante Informationen bringen. Ob beim Arbeitsamt, in der psychologischen Praxis oder in der Gemeindeseelsorge, es gibt viele gute Testverfahren. Kritisch kaufen ist deshalb angesagt, gute Tests kosten nicht mehr als etwa 30,- bis 40,- € (möglicherweise zuzüglich der Kosten für ein Auswertungsgespräch in der psychologischen Praxis), sind wissenschaftlich dokumentiert und können klar erklärt werden. Selbsteinschätzungen (wie z.B. der „Gabentest" von Christian A. Schwarz) können hilfreich sein, besonders als Gesprächsgrundlage bzw. -leitfaden, sind aber sehr transparent und verleiten daher auch zum Selbstbetrug. So genannte „standardisierte" Tests müssen mit speziellen Computerprogrammen ausgewertet werden, sind daher in der Regel etwas teurer, aber auch „ehrlicher". Sie erfordern eine spezielle Ausbildung, die die testende Person (der Seelsorger, Psychologe usw.) absolvieren muss.

4. „The Big Five" – die wichtigsten Wesenzüge
Einige Persönlichkeitszüge scheinen bei den meisten Menschen ziemlich stabil zu sein. Die sollte man kennen – und so annehmen, wie sie sind! Im Folgenden sind die beiden Pole beschrieben. (Nicht vergessen: Die meisten Menschen sind eher in der Mitte!)

1. Nähe-/Distanzbedürfnis
Auf der „Nähe"-Seite: viel herzliche Wärme, Harmoniebedürfnis, Aufopferungsbereitschaft, gefühlsbetonte Beziehungen. Auf der „Distanzseite": Zurückhaltung, eigene Bedürfnisse gut kennen, Objektivität in Beziehungen, sachlich.

2. Bedürfnis nach Wechsel/Dauer
Auf der „Wechsel-Seite": schnell gelangweilt, kreativ, offen für Neues, unkonventionell. Auf der „Dauer-Seite": strukturiert, plant gerne, genau, Liebe zum Detail, korrekt.

3. Introversion / Extraversion
Introvertiert: nach innen gerichtet, reiches Fantasieleben („Kopfkino"), eher wenige, aber nahe Freunde, eher kreativ, wenn er allein ist, nicht gerne in unbekannten Gruppen, gerne allein.
Extravertiert: offen für neue Begegnungen, schnell im Kontakt, eher kreativ in der Gruppe, braucht Austausch, schnell einsam.

4. Emotionalität
Ausgeprägte Emotionalität: starke Gefühle, schnell schwankend, sensibel und eher unbeherrscht, bei guter Laune lustig und charmant.
Stabile Emotionalität: nicht aus der Ruhe zu bringen, stressresistent, in Beziehungen wenig „lebendig", selbstbeherrscht, nüchtern.

5. Konkret/abstrakt im Denken
Konkret: unkompliziert, mag möglichst einfache Lösungen, achtet auf den „Vordergrund", arbeitet lieber mit Dingen als mit Ideen.
Abstrakt: hintergründig, kompliziert, sucht grundsätzliche Muster, eher intellektuell, arbeitet lieber mit Ideen als mit Dingen.

Diese „Big Five" sollten bei Lebensentscheidungen (z.B. bei der Berufswahl) unbedingt berücksichtigt werden. Bei den meisten anderen Persönlichkeitseigenschaften kann man in die Aufgabe „hineinwachsen", auch wenn das vielleicht Energie kostet.

Doch egal, wie frau sich einschätzt: Jeder Mensch ist ein Original und hat mit Sicherheit Stärken und Schwächen. Das Gute ist dabei: Gott wirkt in beiden!

Mutmach-Tipp 2: Handlungsfreiheit beginnt im Kopf

Die meisten hilflosen, entmutigten und resignierten Menschen haben – von außen betrachtet – durchaus Handlungsmöglichkeiten. Sie sehen sie nur nicht, und ein Raum, in dem man die offene Tür nicht sehen kann, ist genauso ein Gefängnis wie ein vergitterter Kerker.

Wie bringen Leute sich selber dazu, für Freiräume und Handlungsmöglichkeiten blind zu werden? Manche sind hierin ausgesprochene „Künstler", und wenn sie religiös sind, ist es ihnen sicher auch gelungen, die neurotischen Ängste, Lebenseinstellungen und Engführungen religiös zu untermauern.

Besonders wirksame Hemmungen verursacht die leicht fatalistische Überzeugung, dass Erfolge und Misserfolge in der Regel von Faktoren und Umständen abhängig seien, die wir selber nicht wesentlich bestimmen können. Diese Einstellung nennt die Psychologie „externe Kontrollüberzeugung", und es ist wissenschaftlich sehr gut belegt, dass sie mit „erlernter Hilflosigkeit" einhergeht. Klar: Es gibt Ereignisse, die einen wesentlichen Einfluss auf unser Leben haben. Aber es gibt kein Ereignis, welches uns gezwungenermaßen vollständig fremdbestimmt. Auch im schlimmsten Fall bleibt immer noch die Frage: Wie gehe ich persönlich damit um? Für welche Interpretation dieses Ereignis entscheide ich mich? Könnte ich es auch anders wahrnehmen und verstehen?
In ihrem Glaubensverständnis haben Leute, die eine „externe Kontrollüberzeugung" leben, oft große Schwierigkeiten, die eigenen

Fähigkeiten, Bedürfnisse und Wünsche als eine Art des Redens Gottes mit ihnen wahrzunehmen – auch Gottes Handeln erwarten sie immer von außen. Sie bitten nicht um das, was sie wollen, sondern fragen: Was soll ich?, und erleben sich selbst deshalb eher als eine Art Marionette Gottes. Das klingt dann tief gläubig, ist aber eigentlich hilflos und unmotiviert. „Die Wege des Herrn sind unergründlich" bedeutet hier in Wirklichkeit: „Ich habe keinen Plan und keine Ziele." „Ich warte auf innere Klarheit" bedeutet dann eigentlich: „Ich bin entscheidungsschwach und hoffe, dass Gott meine Denkfaulheit irgendwie nicht merkt." Und „Ich will ja nicht eigene Wege gehen" übersetzt sich als: „Ich traue mich nicht, die Möglichkeiten, die Gott mir bereits geschenkt hat, anzupacken." „Gott hat einen Plan für dein Leben" heißt übersetzt: „Ich habe Angst vor eigenen Entscheidungen und weiß nicht, was ich will."

Stille, hörendes Beten und wirkliches Bitten um Führung stehen nicht im Widerspruch zu eigenem Denken und Entscheiden. Das heißt: Gottes Führung steht nicht im Widerspruch zum kreativen Gestalten des eigenen Lebens, sondern gerade in unserem Willen zeigt sich Gottes Handeln: „Denn Gott ist es, der in euch das Wollen und das Vollbringen bewirkt, noch über euren guten Willen hinaus." (Philipperbrief 2,13)

Wer Mut haben möchte, muss zuerst einmal an die eigenen Handlungsmöglichkeiten glauben. Aber das ist noch keine Garantie dafür, dass man sich nicht doch wieder selber davon abhält, diese auch zu nutzen. Selbstsabotage kann viele Gründe haben. Nehmen wir einmal das ganz normale Schwarz-Weiß-Denken: „So lange meine Kinder mich brauchen, will ich unbedingt ganz für sie da sein." Was für ein Unsinn! Was heißt „ganz für sie da sein"? Wie weiß ich, ob meine Kinder mich jetzt noch brauchen – und wann werden sie es nicht mehr? Auch in der „religiös untermauerten Version" wird es nicht richtiger: „Mir ist innerlich klar geworden, dass meine Berufung ganz der Familie gilt …" Realistisch ist vielleicht: „Im Moment glaube ich, dass meine Kinder mich genügend beanspruchen – und da möchte ich für sie frei sein; aber in dem

Maß, in dem sie selber mehr Verantwortung übernehmen, möchte ich unbedingt dafür sorgen, dass es in meinem Leben wieder andere wichtige Inhalte gibt." Die dazugehörige Glaubenseinstellung ist etwa die: Bei Gott bin ich nicht auf eine Rolle reduziert – Mutter, Ehefrau usw. –, sondern er hat mich „bei meinem Namen gerufen" und sieht meine ganze Person mit allen Begabungen, Möglichkeiten und Aufgaben.

Auch das so genannte „Übergeneralisieren" führt zu Hilflosigkeit: Eine schlechte Erfahrung nimmt den Mut, es immer wieder zu probieren. Wenn ich einmal von einem Christen betrogen wurde, halte ich für mich fest, dass man „mit frommen Leuten keine Geschäfte macht". Ähnlich willkürliche Deutungen einmaliger Zusammenhänge führen zu Aussagen wie: „Das werde ich nie schaffen" (weil es ein paar Mal schiefgegangen ist), oder: „Öffentliches Sprechen ist mir peinlich" (weil ich mich vor Jahren in der Schule blamiert habe).

Last but not least ein echter Mutkiller: Bloß keine Fehler machen! Mut zum Handeln ist immer auch Mut zur Lücke. Wer das Ziel hat, möglichst keine Fehler zu machen, wird sich ständig überfordern und daher Angst haben, die eigenen Fähigkeiten wirklich zu testen und damit zu entwickeln. Das Ziel sollte sein, die optimale Zahl von Fehlern zu machen. Dabei kann man die so genannte „80%-Regel" als Grundlage nehmen: für 80% des Erfolgs braucht man 20% Aufwand, für die restlichen 20% Perfektion noch einmal 80% Mehraufwand. Eine optimale Ausnutzung meiner Ressourcen ist also nur möglich, wenn ich mir genügend Fehler erlaube und lerne, Prioritäten zu setzen, also unwichtige Details als solche zu erkennen. „Gekonnt schlampern" nennt man dann „qualifiziertes Vernachlässigen", und das ist fraglos eine Grundlage für erfolgreiches Handeln.

Mutmach-Tipp 3: Raus aus dem Alleingang!

Egal, um welches Projekt es sich handelt, ohne gute fachliche Beratung vom Steuer-, Unternehmens- oder Werbeberater, vom persönlichen oder Team-Supervisor (bei allen Aufgaben im sozialen Bereich), ohne Coaching, TrainerInnen, LehrerInnen oder persönliche Seelsorge, also ohne HelferInnen geht's nicht. Und es muss auch nicht ohne gehen. So wie in jedem Wirtschaftsunternehmen klar definiert werden muss, was die „Kernkompetenz" ist (also das, was unbedingt selber gemacht werden muss), ist es nötig, ebenso klar zu sehen, was man anderen übertragen muss. Ein intelligentes „Outsourcing" von wichtigen Aufgaben an jemanden, der diese besser machen kann als man selber, ist eine Grundlage gesunder Unternehmen. Und so wie kein Unternehmen sein eigener Wirtschaftsprüfer sein kann, kann sich niemand selber „beseelsorgen" oder sich selber supervidieren. Diese Bereiche haben mit Korrektur zu tun, und das geht nur von außen. (Der biblische Begriff heißt im Griechischen *nouthetein* und wird oft mit „ermahnen" übersetzt.) Sonst geht ein Projekt schnell den Bach herunter – ein Dutzend Jahre dauert es maximal bis zur existenzbedrohlichen Krise. Dann sind die Verantwortlichen ausgepowert, die Strukturen aber so starr, dass sich kaum noch etwas ändern lässt.

Egal, ob die Vision, die jemand leben möchte „klein" ist, (z.B. ein Musikinstrument lernen) oder „groß" (ein Unternehmen gründen): Wenn sie sich tatsächlich zu verwirklichen lohnt, wird es nicht im Alleingang gehen. Übrigens: Richtig gut ist Beratung fast immer nur, bevor sie dringend nötig ist. Wenn das Kind bereits im Brunnen herumstrampelt, ist Erste Hilfe und anschließend therapeutische Behandlung dran. Auch gute Freunde und Berater können das unter Umständen nicht leisten.

Genauso wichtig ist im Privatleben die Zeit für das Aufrechterhalten von Freundschaften, geistlicher Gemeinschaft, für die Pflege der eigenen Ehe und Familie – dafür muss Zeit bleiben. Niemand hat von Gott eine Berufung, die dazu führt, dass die Familie zu kurz kommt! (Vgl. 1. Timotheusbrief 3,5: „... so aber jemand seinem eigenen Hause nicht weiß vorzustehen, wie wird er die Gemeinde Gottes versorgen?") Das Gleiche gilt für die Gemeinde (vgl. Hebräerbrief 10,24ff: „Lasst uns aufeinander achten und ... nicht unseren Zusammenkünften fernbleiben, wie es einigen zur Gewohnheit geworden ist, sondern ermuntert einander ...").

Manches wirklich wichtige und sinnvolle Projekt ist kaputtgegangen, weil die Initiatoren nach ein paar Jahren allein dastanden. Das Ergebnis ist entweder Vereinsamung und in der Folge Burn-out oder, was noch schlimmer sein kann, ein verbissenes Verfolgen der eigenen Ziele ohne Korrektur von außen.

Der ultimative Mutmacher: Nicht gesetzlich, sondern aus dem Evangelium leben!

Wer einen gesetzlichen Glauben hat, lebt nicht „gottesfürchtig", sondern in Angst vor Gott. Und diese Angst ist im wahrsten Sinne des Wortes teuflisch. Wer vor Gott Angst hat, fürchtet sich vor allem – denn Gott hat ja alles im Griff. Jeder Fehler kann seine Strafe provozieren, jede Schuld seinen Segen entziehen, jede Freude birgt die Gefahr der Verdammnis, und eigene Fähigkeiten und Wünsche sind lebensgefährlich.

Das ist nicht der Umgang des „guten Hirten", der seine Herde liebt, zum frischen Wasser führt und sie sättigt, der tröstet und schützt.

Was kann mehr Mut machen als die Gewissheit: Das letzte Urteil über meinem Leben steht bereits fest, Gott hat sich bereits für ein Ja zu mir entschieden. Die Defizite meines Lebens hat er bereits ausgeglichen. Der Preis war hoch, aber er ist bezahlt. Ein für allemal. Das heißt: Alle Erfolge, Misserfolge, alles Glück und aller Schmerz meines Lebens haben bereits jetzt einen Rahmen, auch wenn das Bild noch nicht fertig gemalt ist. Sicher ist: Egal wie dunkel oder hell die Farben – über diesen Rahmen werden sie nicht herausreichen. Gott ist nicht nur Anfang und Ende der gesamten Schöpfung, sondern birgt mein persönliches Leben von A bis Z.

Biblische Ordnungen verstehe ich nicht mehr als „Wehe dir!", sondern als Hilfen für ein gelingendes Leben. Gottes Angebot ist immer die Freiheit, nicht die Sklaverei.

Das Endergebnis steht bereits fest. In dieser Freiheit lässt sich gut mutig sein.

Ruth – eine uralte Mutgeschichte

Monika Deitenbeck-Goseberg (47) ist Pfarrerin in Lüdenscheid und Mutter von drei Kindern.

"Bist du getrost?" Das ist ein Satz, den mich unser Vater unzählige Male in meinem Leben gefragt hat. Ich glaube, in den drei Jahren nach dem Tod meiner Mutter, als ich täglich morgens früh eine Stunde bei ihm war, ist nicht ein Besuch vergangen ohne diese Frage.

Getrostheit – das ist ein ganz besonderer Begriff. Den gibt es nicht im Wörterbuch, sondern nur als Glaubensbegriff. Ich kenne Zeiten in meinem Leben, da geht es drunter und drüber. Anforderungen, Herausforderungen, Nöte, Schwierigkeiten – aber ich bin getrost. Und es gibt andere Augenblicke, da ist äußerlich alles viel weniger schwierig, aufregend, Besorgnis erregend, notvoll, aber ich bin ungetrost. Getrostheit – das ist Gehaltensein, sich getragen wissen, geborgen fühlen und deshalb zuversichtlich nach vorn gehen. Getrostheit, das ist etwas Kostbares. Und das wünsche ich mir. Getrostheit aus Glauben und Vertrauen heraus. Getrostheit – für alle, die dieses Buch lesen, dass sie Getrostheit förmlich packt, mitten in dem, wo sie gerade drinstecken. Deshalb ist dies ein Ermutigungsbuch für Frauen, die Mut brauchen. Also für uns alle. Mit ansteckenden Ermutigungserlebnissen.

In der Bibel gibt es eine Frauengeschichte, die für uns viel Ermutigungsstoff enthält. Es ist das Buch Ruth. Mit seinen vier Kapiteln in einer der modernen Übersetzungen lässt es sich in einem Rutsch lesen wie ein Kurzroman.

Drei Gedankenanstöße in diesem kleinen Buch finde ich besonders wichtig, besonders dann, wenn wir alles hinter uns lassen und uns Neuem zuwenden müssen.

1. Verlässliche Menschen wertschätzen

Ruth ist die Schwiegertochter von Naomi. Vor Jahrzehnten ist Naomi mit ihrem Mann Elimelech und ihren beiden kleinen Jungen aus dem Heimatland Israel ins Nachbarland Moab ausgewandert, aus beruflichen Gründen. Als die beiden Söhne ins heiratsfähige Alter kommen, heiraten sie Moabiterinnen. Die Familie wird von großem Leid getroffen. Alle drei Männer sterben, die beiden jüngeren Männer noch, bevor sie Nachwuchs haben. Übrig bleiben die drei Frauen, Naomi und ihre Schwiegertöchter Ruth und Orpa.

Für Naomi steht der Entschluss fest: Jetzt geht es für sie zurück in die Heimat. Die beiden Schwiegertöchter begleiten sie bis zur Grenze. Da will sie sich verabschieden. Doch die Schwiegertöchter bringen es nicht übers Herz. Sie haben offensichtlich ein inniges Verhältnis zu ihrer Schwiegermutter. Nur mit großem Drängen und vielen guten Argumenten lässt Orpa sich zurückschicken. Ruth jedoch lässt sich nicht abschütteln. Sie bleibt an der Seite ihrer Schwiegermutter und sagt einen steilen Satz – manches Brautpaar wählt ihn sich als Trauspruch. Ich koste die Überraschung immer gern aus, wenn ich bei der Traupredigt erst einmal darauf hinweise, dass es eine Schwiegertochter ist, die diesen Satz zu ihrer Schwiegermutter sagt: „Wo du hingehst, da will ich auch hingehen. Dein Volk ist mein Volk. Dein Gott ist mein Gott. Wo du stirbst, da will ich auch sterben."

Verlässliche Menschen, das sind Menschen, denen wir Vertrauen schenken können. Von denen wir wissen können: die meinen es gut mit uns. Die gönnen uns auch ein offenes Wort, gehen ehrlich mit uns um, weil wir ihnen wichtig sind und am Herzen liegen, Menschen, die uns vielleicht Altersweisheit oder Lebenserfahrung oder Glaubenstiefgang voraus haben. Vielleicht sind sie nicht einmal an Lebensjahren älter als wir. Verlässliche Menschen sind Kostbarkeiten.
Ruth wusste, was sie an Naomi hatte. Naomi war eine Besondere. Ein Goldschatz. Ein verlässlicher Mensch. Eine Kostbarkeit.

Kennen wir solche Menschen? Das ist wichtig: die Augen offen halten nach verlässlichen Menschen in unserem Leben. Es lohnt sich, sie vor unserem inneren Auge einmal vorüberziehen zu lassen, für sie zu danken, ihnen zu danken, die Verbindung zu ihnen zu halten, sie wertzuschätzen. Und selbst verlässliche Menschen zu werden.

Niemand empfängt einen Segen nur für sich selbst.
Friedrich von Bodelschwingh

Wenn ich an meinem inneren Auge die verschiedenen Menschen, die mein Leben geprägt haben, vorüberziehen lasse, dann fallen mir aus allen Phasen meines Lebens Leute ein. In jungen Jahren, während meiner Kindheit, habe ich das Riesengeschenk eines farbenfrohen, weitherzigen, humorvollen Elternhauses gehabt. Ich erlebte das Geschenk einer lebendigen Gemeinde, in der ich aufwuchs. Später waren es Leute aus der Jugendarbeit, Freizeiten, Tagungen, Schulungen. Und immer waren Leute dabei, denen ich in die Karten gucken konnte. Es waren bei allen menschlichen Fehlern glaubwürdige Leute, verlässliche, wichtige Menschen, die ihre Segensspuren in meiner Seele hinterlassen und meine Persönlichkeit geprägt haben. Wenn wir für so etwas danken können, dann ist das ein riesiger Grund zur Dankbarkeit.

Später habe ich Freunde und Wegbegleiter (und Freundinnen und Wegbegleiterinnen) im Studium, im Berufs- und Familienleben schätzen gelernt. Und neben allem, was ich auch an Enttäuschungen und Fehleinschätzungen zu verkraften hatte, bleiben mir in jeder Etappe Leute, mit denen ich durch dick und dünn gehen konnte und kann. Manche Beziehung tritt durch zeitlichen Abstand und örtliche Entfernung in den Hintergrund. Manches lebt sofort wieder auf, wenn man sich nach langer Zeit wieder trifft. Verlässliche Menschen sind ein Lebenselixier auf unserem Weg.

Es tut gut, wenn wir auf Vorbilder treffen, die uns zeigen, wie wir in den nächsten Lebensphasen, älter und reifer, kompetenter und weitherziger werdend, unseren eigenen Weg finden dürfen. Verlässliche

Menschen können wir gar nicht hoch genug schätzen. Wir sollten unsere Wertschätzung und Freude über sie zum Ausdruck bringen, von ihnen lernen und uns von ihnen prägen lassen.

2. Mit den Führungen Gottes rechnen

Zurück zu Ruth und Naomi: Im neuen Land angekommen, tut Ruth das, was vor der Hand liegt. Sie sorgt für den Lebensunterhalt für die beiden Frauen nach genau dem Recht, das damals für Witwen, Waisen und Bedürftige galt. Ihnen war erlaubt, bei der Getreideernte mitzuernten, alles aufzusammeln, was nicht gleich beim ersten Schnitt von den Erntearbeitern eingefahren worden war.

Der Anfang ist die Hälfte des Ganzen.
Platon

Ruth versucht ihr Glück auf einem der Felder des Dorfes. Was sie nicht weiß, ist, dass dieses und die Nachbarfelder einem Verwandten ihrer Schwiegerfamilie mit Namen Boas gehören. Der wird auf sie aufmerksam, erkundigt sich nach ihr, räumt ihr Sonderrechte ein, übernimmt einiges an Fürsorge für sie. Und man liest zwischen den Zeilen: Zwischen den beiden knistert es spürbar.

Ruth ist eine Besondere. Diesen Ruf scheint sie sich sehr schnell erworben zu haben. Boas weiß sie zu schätzen. Er scheint ein feinfühliger, zugewandter, liebevoller Mensch zu sein.

Oft hat mein Vater den Satz gesagt: "Gott sorgt dafür, dass diejenigen Menschen, die wir brauchen, zur rechten Zeit in unserem Leben erscheinen." Er meinte das nicht im Sinne von etwas Schicksalshaftem. Es ist ja klar, dass wir alle immer an der Entwicklung unserer Lebensgeschichte handelnd mitbeteiligt sind, ob wir offen auf Menschen und Situationen zugehen oder uns wegschließen, ob wir erwartungsvoll und risikofreudig sind oder uns tatenlos zurückhalten und bitter werden – all das bestimmt mit, wie unser Leben verläuft, was wir daraus machen, was es mit uns machen darf. Aber zugleich kennen wir alle das Unverfügbare, die geschenkten Situationen, Begegnungen, Segensüberraschungen. Wir dürfen mit den Führungen Gottes rechnen und die Augen dafür offen halten, erst recht, wenn wir Menschen sind, die beten. Gott sorgt für Menschen, ja sogar Bücher, Telefongespräche, Postkarten, die zum rechten Zeitpunkt in unserem Leben den nötigen Anstoß geben. Wir dürfen darauf vertrauen, denn es ist keine Erfahrung, die für Ruth reserviert ist. Es ist geradezu eine für Gott typische Verhaltensweise.

Ich kann Bücher, Menschen und Predigten aus meinem Leben aufzählen, die für mich in dem bestimmten Augenblick, für diese Zeit, für diese Phase von zündender, von entscheidend wichtiger Bedeutung waren. Allein in der Entwicklung unserer Gemeinde in den letzten Jahre waren so oft unfassbare Begegnungen, zueinander gefügte Umstände und unerklärliches zeitliches Zusammenfallen zu verzeichnen. Genau zu dem Zeitpunkt, als wir gemeinsam mit Obdachlosen an unserer Kirche eine Gebetskapelle ausbauten, stieß ein obdachloser Steinmetz zu uns, frisch aus der Haft entlassen.

Als wir einige Zeit später mit dem Anbau eines Kirchenhauses an unserer Kirche begannen, mussten wir dafür zwei Gebäude verkaufen. Unter spannenden Umständen tat sich genau zum richtigen Zeitpunkt der richtige Käufer auf. Ein Jahr später wäre dieselbe Situation undenkbar gewesen. Als wir für den Kirchenanbau ein hohes Maß an Eigenkapital einbringen mussten, stand ausgerechnet ein Jubiläumsjahr an. Unsere Kirche wurde 111 Jahre alt. Jede Menge verrückter Ideen entstanden, Leute traten unerwartet auf den Plan und taten mit. Immer wieder standen Begegnungen dahinter, die vorher und nachher so nicht denkbar gewesen wären, trafen wir zur rechten Zeit am rechten Ort auf den rechten Menschen.

Viele Lebensgeschichten, viele Bibelgeschichten und Ruths Geschichte machen uns Mut, mit Gottes führender und schenkender Hand zu rechnen.

3. Nicht Schicksal spielen

In Naomis und Ruths Geschichte geht es spannend weiter. Naomi überblickt bald die ganze Situation. Mit Klugheit und Verstand rät sie ihrer Schwiegertochter Ruth, sich wegen der grundsätzlichen Fürsorge für die Familie an Boas zu wenden. Ruth tut dies mit dem ganzen Wissen um ihre Verantwortung für sich und ihre Schwiegermutter.

Und nun erleben wir Boas. Ganz deutlich hat man den Eindruck, dass er nur zu gern Ruths Ehemann würde. Doch da ist noch was. Da gibt's noch einen, der ist näher mit Ruth verwandt als Boas, dem steht die Fürsorge für sie und Naomi und zugleich für Naomis Besitz nach damaligem Recht eher zu. Zu seiner Familie müssen die beiden gehören, wenn es dem Recht nach geht und dieser Verwandte es will. So war das Familienrecht damals tatsächlich. Es sorgte in einer Zeit ohne Rentenkassen für ein funktionierendes Versorgungssystem. Es sah vor, dass eine Frau, deren Mann starb, von dessen nächstjüngerem, nicht verheiratetem Bruder geheiratet wurde. Und falls die erste Ehe kinderlos geblieben war, galt der erste Sohn, der in der neuen Ehe geboren wurde, als rechtmäßiger Sohn des Verstorbenen und erst die weiteren Kinder als Kinder des lebenden Ehemanns. Kein Mann sollte ohne männliche Nachkommen bleiben.

Trotz aller eigenen Wünsche kämpft Boas nicht mit den Ellbogen, geht nicht mit dem Kopf durch die Wand. Er geht im Vertrauen seinen Weg: Wenn es mir zugedacht ist, wird Gott die Türen auftun. Boas tut dennoch das Seine. Er nimmt die Dinge in die Hand. Aber er weiß: Ich muss meinen Lebensweg nicht um jeden Preis, nicht auf Kosten anderer ertrotzen, nicht schneller sein, hinterrücks oder mit Halbwahrheiten agieren, sondern ich gehe den eröffneten Weg, den erbetenen, von Gott geschenkten. Boas ist ein Besonderer, ein Aufrechter, einer, der vertraut.

Mir fällt dazu ein Ehepaar ein, das in unserer Gemeinde mitarbeitet. Es sind faszinierende Leute, die eine tragfähige, von Liebe geprägte Beziehung leben. Ein Paar, wo man das Gefühl hat: Die passen zusammen, die sind füreinander und für das gemeinsame Wirken geschaffen. Er hatte, als sie sich kennen lernten, auf Anhieb dieses Empfinden und wollte entsprechend auf sie zugehen. Genau da offenbarte ihm sein Freund seine große Verliebtheit in eben diese Frau. Unfassbarerweise kämpfte er nun nicht, schlug nicht den Konkurrenten aus dem Feld, „schoss" sich nicht den Weg frei, trotz seiner, vielleicht ja auch wegen seiner starken Gefühle, sondern er bewegte das alles vor Gott, legte ab, wartete ab. Er setzte unendliches Vertrauen darein, dass der Herr dieser Welt weiß, was ihm zugedacht ist, sein Leben überblickt. Es war die klare Gewissheit: Gott selbst hat das größte Interesse daran, dass das, was für mein Leben richtig ist, zum Zuge kommt. Ich muss nicht um jeden Preis mein Schäfchen ins Trockene bringen. Ich lasse los. Ganz gewiss hätte er auf die Angebetete zugehen, dem Freund die Dinge darlegen können. Das wäre auch völlig in Ordnung gewesen. Aber er entschied für sich: Gerade bei dieser großen Entscheidung, bei diesen großen Gefühlen will ich nichts mit Macht herbeiführen. Er investierte sein Vertrauen in den, der alles überblickt. Er entschied: Das Meine tun, nicht die Hände in den Schoß legen, nett sein zu der Angebeteten, aber dann die Dinge loslassen und als Geschenk in Empfang nehmen – oder auch akzeptieren müssen, dass es gut ist für mein Leben, wenn mir etwas nicht zugedacht ist. Er hatte ein Vertrauen wie Boas: dass Gott selbst ihn im Blick hat und darum besorgt ist, dass sein Leben groß angelegt wird.

Bei beiden folgte das „Happy end". Dieses Ehepaar lebt heute eine kostbare Beziehung. Bei Boas und Ruth war es ebenso.

Die Lebens- und Glaubensweisheit des Buches Ruth ermutigt uns für unser eigenes Leben. Vielleicht können wir jetzt schon Menschen und Situationen nennen, wo wir vergleichbare Erfahrungen gemacht haben. Oder wir lassen uns von dieser Geschichte einen „Schubs" geben, zum ersten Mal in unserem Leben solch ein Vertrauen zu wagen. Mut lohnt sich!

Fußspuren – Jedes Kind ist alle Mühe wert

Eva Christina Bernt (33), Erzieherin und Heilpädagogin, Mutter von zwei Kindern, lebt in Ludwigsau/Hessen.

Das rhythmische Klopfen lässt mich aufhorchen. Was ist denn in der oberen Etage los? Schon beim Erklimmen der steilen Treppe unseres alten Fachwerkhauses bemerke ich ein Wackeln und Schwanken, dessen Zentrum in Daniels Zimmer zu sein scheint. Leise klopfe ich an. Da keine Antwort zu hören ist, trete ich zaghaft ein, sehe vorsichtig um die Ecke und muss erst einmal Luft holen: Daniel, der sich so vernünftig und erwachsen ausdrücken kann, der immer so viele altkluge und gescheite Fragen stellt, der für einen Jungen seines Alters ein beachtliches Wissen hat und sehr komplexe Gedankengänge bewältigen kann, dieser Daniel hüpft sitzend auf seinem Bett auf und ab, schlägt sich dabei wedelnd auf die Oberschenkel, schneidet groteske Fratzen und brabbelt unverständliches Zeug. Nein, als ich genauer hinhöre, erkenne ich zwischendrin auch Fetzen von Dialogen, die er mit meinem Mann und mir in den letzten Stunden geführt hat. Ab und an kichert er mit hoher Stimme vor sich hin.

Er scheint mich nicht zu sehen, obwohl ich jetzt direkt vor ihm stehe. Erst bei meiner zweiten, etwas lauteren Ansprache schreckt er mit einem leisen Aufschrei aus seinem Tun hoch und starrt mich mit ausdruckslosem Gesicht an. Behutsam frage ich, ob es ihm gut gehe. Er fängt an zu lächeln, erzählt mir etwas von den unterschiedlichen Preisen seiner Lieblingssüßigkeit in den verschiedenen Läden und scheint wieder ganz der Alte zu sein.

In Bruchteilen von Sekunden schießen mir verschiedene Reaktionsmöglichkeiten durch den Kopf: Konfrontieren, sein Verhalten beachten und damit vielleicht unnötig hervorheben und sogar ungewollt verstärken? Oder so tun, als ob nichts gewesen wäre, und mich selber als nicht authentisch empfinden? Und damit womöglich seine Auseinandersetzung mit sich selbst verhindern? So abgeklärt ich auch gerne wäre, es macht mich trotzdem jeden Tag neu betroffen, dass Daniel sich fast täglich für etwa eine halbe Stunde in seine eigene Welt begeben muss. Er ist immerhin ein intelligenter 13-jähriger Junge, der eine Gesamtschule besucht.

Keiner der Psychologen, Sozialarbeiter, Berater und Ärzte kann mir einen guten Rat geben. Es werden zwar verschiedene Diagnosen gemutmaßt, doch das richtige „Handwerkszeug" für unseren pädagogischen Alltag muss ich – gestützt von Supervision und kollegialer Beratung – schon selber entwickeln. Grobe Vernachlässigung bereits im Babyalter, sexueller Missbrauch und Schläge im Alter von zwei Jahren, ein Durchlaufen von verschiedenen Heimen und Pflegestellen (scheinbar unerträgliche Verhaltensauffälligkeiten führten überall zu Abbrüchen) kennzeichnen Daniels Biographie. Nun lebt er schon fast drei Jahre in unserer Familie. Wir haben ihn aufgenommen, um ihm Liebe und Zuwendung zu geben, ihn durchzutragen, in seiner Andersartigkeit anzunehmen und ihm eine gesunde Entwicklung zu ermöglichen.

Drei Tage später sitze ich wie betäubt da. Ich bin voller Groll und starre vor mich hin, ohne etwas zu sehen. Auf meinem inneren Bildschirm reihen sich dagegen bunte belebte Bilder aneinander. Die Szenen unseres letzten Konfliktes werden von meinen Gedanken abgespult, als hätte ich die Taste des Videogerätes gedrückt. Sogar die Stimmen hallen in meinen Ohren wider. Wütend zerre ich ein Bonbon aus der knisternden Folie und zerbeiße es krachend, bis die süße Füllung an meinen Zähnen klebt. Warum hat er das getan? Immer wieder schüttele ich ungläubig den Kopf. Gestern hatte ich endlich Zeit gefunden, die schönen Holzdielen in dem von meinem Mann neu ausgebauten Raum zu versiegeln, und dann läuft Daniel wenige Zeit später eine große Runde durch den noch feuchten Lack. Alle Umstände sprechen klar gegen ein einfaches Versehen ...

Ich atme tief ein, sortiere meine Gedanken und Emotionen und versuche zu überlegen, welche Vorteile er eigentlich durch solch ein Verhalten erlangt. Ich lasse alle seine „Streiche" der letzten Wochen Revue passieren: Es gab jedes Mal ein Donnerwetter, gefolgt von langen, an die Vernunft appellierenden Einzelgesprächen, für die viel Zeit und persönliche Beachtung aufgewendet wurden. Also gut, er hat durch negative Handlungen intensiven Kontakt zu uns hergestellt. Das ist die Art von Zuwendung, die er von klein auf gewöhnt ist. Langsam verfliegt meine Wut, ich kann das Geschehen besser einordnen. Welch immense Bedürftigkeit spricht aus diesem Verhalten!

Die Zahl der Kinder, die nicht mehr in ihrer eigenen Familie aufwachsen können, nimmt in Deutschland zu. Zerrüttete Ehen, psychische Erkrankungen, Armut durch Arbeitslosigkeit oder Suchtkrankheiten sind nur einige Ursachen, die dazu führen, dass Eltern mit der Erziehung ihrer Kinder überfordert sind. Dem Jugendamt fällt dann die Aufgabe zu, eine geeignete Unterbringung für die Kinder zu finden. Viele Kinder leben fortan in Heimen, Wohngruppen, Kinderdörfern, Pflegefamilien oder Erziehungsstellen. In einigen Fällen verhalten sich die Kinder so auffällig, dass sie einer intensiven sozialpädagogischen Einzelbetreuung bedürfen. Hierzu wird eine pädagogische Fachkraft allein für die Betreuung eines Kindes angestellt. Je nach Konzept lebt das Kind weiterhin in seiner vorherigen Umgebung und wird nur stundenweise betreut, oder es lebt in Lebensgemeinschaft mit seinem Betreuer und zieht dazu in dessen Privat-Wohnung oder -Haus. Die Betreuung findet dann rund um die Uhr durch dieselbe Person statt und strebt eine Rückführung in das Elternhaus oder eine Wohngruppe an.

Seit einigen Jahren arbeite ich als Einzelbetreuerin und habe in diesem Rahmen bereits mit verschiedenen Jugendlichen zusammengelebt. Dass ich einmal diesen Weg einschlagen würde, zeichnete sich schon früh ab. Kürzlich kramte ich während eines Besuches bei meiner Mutter auf ihrem Dachboden nach vergessenen Schätzen und stieß dabei auf meine alte Sammelmappe mit Zeichnungen aus dem

Kunstunterricht. Als ich die Kunstwerke durchblätterte, riss ich plötzlich die Augen auf: Auf einem großen Bogen Papier war mein Kopf gezeichnet. In diesen Kopf hatte ich Wünsche und Zukunftspläne gemalt. Ein Plan lautete: „Ich nehme viele fremde Kinder bei mir auf." Schlagartig erinnerte ich mich an meine feste Überzeugung von damals, und mir fielen auch wieder die zahlreichen selbst ausgedachten Geschichten ein, die ich als Achtjährige aufgekritzelt hatte. Einige konnte ich finden. Meistens ging es dabei um Kinder, die nicht in ihren eigenen Familien leben konnten. Der kindliche Wunschtraum ist nun, 25 Jahre später, Realität. Innerlich sehr berührt fuhr ich abends wieder nach Hause. Mir war bis dahin in der Erinnerung nur noch präsent gewesen, dass ich mir von klein auf nichts anderes vorstellen konnte, als in einem pädagogischen Beruf zu arbeiten. Mit der Einzelbetreuung fand ich dann genau die Tätigkeit, die meinen Ansprüchen gerecht wird, nämlich mich intensiv um ein einzelnes Kind kümmern zu können, das als nicht gruppenfähig gilt und besondere Aufmerksamkeit und Unterstützung benötigt.

Zu jeder bedeutenden Tat gehört eine gewisse Naivität, um nicht vor der Größe des Vorhabens zurückzuschrecken.
Elsa Rentrop

Als unsere große Tochter fünf war, zog der erste Mitbewohner, damals vierzehn, bei uns ein. Von einem Tag auf den anderen wurde unser Leben total umgekrempelt. Freche Antworten provozierten mich maßlos, empörte Eltern klingelten an unserer Tür, um sich darüber zu beschweren, dass ihre Kinder geärgert würden, und Lehrer weigerten sich, unseren Björn länger als vier Stunden täglich zu unterrichten. Außerdem prostituierte Björn sich immer wieder, egal, was wir dagegen unternahmen. Vieles erschien so hoffnungslos.

Bald erkannte ich, dass es nicht darauf ankommt, als Erziehende immer perfekt zu reagieren. Es gibt auch nicht für jede Verhaltensauffälligkeit die richtige pädagogische Umgangsweise, die man wie ein Rezept anwenden kann. Vielmehr ist die innere Einstellung entscheidend. Ich habe mich mit allen Konsequenzen dafür entschieden, einen jungen Menschen mit seinen vielfältigen Problemen spüren zu lassen, dass er trotz zahlreicher Beziehungsabbrüche in der Vergangenheit aushaltbar und liebenswert ist, und ich erlebe, wie Gott sich zu uns stellt. Weil ich eine lebendige Beziehung zu Gott habe, erweitert sich mein Handlungsspektrum, denn ich kann mich jederzeit mit meinen aufgewühlten Emotionen an ihn wenden. Oft erlebe ich jedoch erst inneren Frieden, wenn ich anfange, den Jugendlichen zu segnen und für ganz konkrete Situationen zu beten. Dann wird mir die unendliche Liebe Gottes bewusst und ich fange an, seine erweiterte Sichtweise der Sachlage zu erkennen und in meine Perspektive zu übernehmen.

Björn hat sich nur mühsam weiterentwickelt. Aber ich habe damals gelernt, dass Fürbitte vor innerer Härte und Verbitterung schützt und hilft, etwaige „Untaten" nicht zu persönlich zu nehmen. In schwierigen Situationen erfahre ich ganz real, wie eine Last von mir genommen wird, und bekomme neuen Mut. Heute ist Björn ein junger Mann, der vieles gelernt und für sein Leben verinnerlicht hat. Er kennt seine Begabungen und setzt sie positiv ein. Er kann jetzt im Gegensatz zu früher ein Leben führen, ohne sich ständig an gesellschaftlichen Normen zu stoßen oder sogar mit dem Gesetz in Konflikt zu geraten. Er geht in eine gute Richtung.

Marc wurde im Alter von sieben Jahren das erste Mal von seinem Vater sexuell missbraucht, geschlagen und mit Worten gedemütigt. Kurz vorher hatte seine Mutter sich das Leben genommen. Der Vater gab Marc die Schuld an allem Familienunglück. Aus dem verängstigten kleinen Jungen wurde ein roher Teenager, der keinerlei Respekt vor Erwachsenen zeigte und bereits aus mehreren Heimen geflogen war, als er zu uns kam. Sein normaler Umgangston war alles andere als höflich! Bald erkannten wir, dass er für sein Leben dringend regulierende positive Erfahrungen mit Männern benötigte, um nicht selbst bald zu einem Täter zu werden. Dank der intensiven Beziehungsarbeit, die vor allem mein Mann und der engagierte Klassenlehrer leisteten, konnte Marc in vielen Bereichen seines Lebens aufholen. Außerdem bot die Familie einen geschützten Raum, um wieder „weiche Anteile" in der Persönlichkeit zuzulassen und ausleben zu dürfen. Beispielsweise genoss er es als Vierzehnjähriger sichtlich, abends eine Geschichte vorgelesen zu bekommen. Immer wieder stellte er erstaunt fest, dass wir wirklich persönlich an ihm interessiert sind. Sein Selbstbewusstsein wurde enorm aufgewertet. Seine ständig viel zu schnell einsetzende Frustration über sich selbst und seine Umwelt nahm ein Ende. Dadurch hat er heute viele unangenehme und aggressive Verhaltensweisen einfach nicht mehr nötig.

Lauter schlagartig zum Positiven gewandelte Lebenswege? Nein, so einfach ist es nicht. Wenn ein Kind derart schlimme Erfahrungen machen musste, kann das später nicht einfach „glattgebügelt" werden. Das Kind ist für immer geprägt. Doch haben wir die Herausforderung angenommen, solchen Kindern ein Nest zu geben, in dem sie sich sicher fühlen dürfen. Weil sie endlich Erwachsene um sich herum haben, auf die sie sich verlassen können und die sich über noch so kleine Schritte freuen, geht es dann auch tatsächlich vorwärts in der Entwicklung. Dabei konzentrieren wir uns nicht auf die Defizite der Kinder, sondern versuchen, ihre Talente zu fördern. Unser Daniel hat ein enormes Zahlengedächtnis, und ich kann oft auf seine Beratertätigkeit bei Einkäufen zurückgreifen. Das macht ihn jedes Mal sehr stolz. Er weiß genau, was ihm liegt, und schmiedet schon eifrig Berufspläne.

Lauter unablässig dankbare, weil aus dem Sumpf gezogene Jugendliche? Wieder nein. Feste Regeln bieten im Alltag eine Reibungsfläche, die auch kräftig genutzt wird. Doch haben mein Mann und ich immer wieder festgestellt, dass gerade Reibung auf lange Sicht betrachtet für Wärme und Bindung sorgt.

Man kann im Leben viel Präsentables leisten oder auch wenig hervorbringen, Gott nimmt uns unabhängig davon immer in Liebe auf und ermutigt uns weiterzugehen. Diese Liebe hat er in unsere Herzen gegossen, damit wir sie weitergeben. Diese Basis gibt mir täglich neuen Mut, denn ich weiß: Björn, Marc, Daniel und all die anderen sind es wert. Gott sieht sie nicht als Menschen zweiter Klasse, sondern sie sind für Ihn unendlich kostbar. Er will sie aus ihren destruktiven Verhaltensweisen befreien. Das gibt mir die Hoffnung, weiter Samen auszustreuen und darauf zu vertrauen, dass sie zum richtigen Zeitpunkt aufgehen. Manchmal umhege ich ein daraus hervorgegangenes zartes Pflänzchen mit viel Mühe und muss doch erleben, wie es wieder eingeht. Dann versuche ich es zu einem anderen Zeitpunkt noch einmal. Aber oft kann ich beobachten, dass die Pflanze kräftiger wird und erste Früchte trägt.

Jedes Kind in der Einzelbetreuung hat seine eigene Geschichte, und jedes Mal gilt es, sich als Erziehende wieder neu mit der Problematik auseinander zu setzen. Oft vollzieht sich in den ersten Wochen nach einem Einzug eine erstaunliche Wandlung – vom anfangs überangepassten, äußerst liebenswürdigen Kind zu einem jungen Menschen, der alle möglichen Provokationen unternimmt, um die Tragfähigkeit der neuen Beziehung zu prüfen. Aber dieses Tun ist nachvollziehbar. Immerhin hat so ein Jugendlicher erlebt, dass sein schwieriges Verhalten letztendlich überall zu Abbrüchen führte. „Wann schmeißt ihr eigentlich Leute bei euch raus?", ist eine nicht selten gestellte Frage. Es verwundert sie, dass bei uns jeder Tag ein neuer Anfang bedeutet und sie bleiben dürfen. Jeder braucht nicht nur eine zweite, sondern ständig neue Chancen. Um ihrer selbst willen haben sie es verdient, dass man sie durchträgt. Meistens entspannt sich die Lage dann bald etwas.

Wo die Pferde versagen, schaffen es die Esel.
Johannes XXIII

Auch unsere zwei leiblichen Kinder werden mit Dingen konfrontiert, die in einem behüteten Elternhaus sonst eher ungewöhnlich sind. Manchmal sind sie ärgerlich, weil unser Familienleben so durchgerüttelt wird. Und das dürfen sie auch sein. Meistens aber sind sie stolz, denn sie erleben soziale Arbeit hautnah. Fachbegriffe aus Pädagogik, Jugendhilfe und Psychologie sind für sie nichts Fremdes. Dabei haben sie in den letzten Jahren ein Wissen angesammelt und ein ganz feines Gespür entwickelt, das ihnen auch im eigenen Leben weiterhilft. Wie alle Kinder, deren Eltern den Arbeitsplatz zu Hause haben, eignen sie sich durch das elterliche Vorbild besondere Kompetenzen an.

Als Familie sind wir außerdem dankbarer dafür geworden, dass wir einander haben. Denn was Vernachlässigung und Traumatisierung in der kindlichen Seele anrichten können, sehen wir täglich. Um unsere Kinder vor Übergriffen jeglicher Art zu schützen, ist bei uns grundsätzlich alles aussprechbar, es gibt keine Tabuthemen. Ängste, Befürchtungen und auch manch unschöne Erlebnisse werden intensiv miteinander besprochen, umbetet und so verarbeitet. Das hat uns als Familie sehr eng zusammenwachsen lassen und den Kindern eine innere Stärke gegeben, die ihnen unter anderem hilft, sich von manchem Trubel einfach abzugrenzen. („Wenn die Polizei ab und zu anruft, ist das Mamas Job.") Absolut „cool" finden sie, dass ihr Papa noch mal zur Uni geht und Sozialwesen studiert. („Na, Papa, welche Note hast du denn für deine Klausur bekommen?")

Einige Erlebnisse mit unseren Jugendlichen sind in der Familie zu Anekdoten geworden. Was uns früher aufgeregt hat, darüber können wir jetzt schmunzeln. Die seltsamen Blicke mancher Ortsbewohner verwunderten uns zum Beispiel sehr – bis wir erfuhren, dass Björn munter das Gerücht verbreitete, wir würden ihm jeden Tag nur ein dünnes Süppchen zu essen geben. Lachen können wir heute auch über die Zeit, als ständig Teenager mit hoffnungsfrohem Blick bei uns klingelten, weil wir angeblich Motorroller zu Stückpreisen von 200 DM verkauften. Auch sonst bringt uns nichts mehr so schnell aus der Ruhe. Gerade kleine Krisen sind oft der Wendepunkt, der neue Wege entstehen lässt. Das spürt auch Daniel, der gerade anfängt, sich selbst ein bisschen zu mögen. Durch das Zusammenleben mit verhaltensgestörten Jugendlichen bin auch ich selbst enorm stark geworden.

Daniel wird wohl noch eine Weile den Rückzug in seine eigene Welt brauchen, um sein seelisches Gleichgewicht zu erhalten. Mir ist für unseren Alltag wichtig, dass er unsere Wertschätzung spürt und wir ihn in seiner Persönlichkeit achten.

Und die Dielenbretter? Nach einer halben Packung Bonbons mit fruchtiger Füllung, eingehender Besprechung mit meinem Mann und der inneren Entscheidung zur Vergebung beschließen wir, dass Daniel zwar unsere Enttäuschung ruhig mitbekommen darf und auch von seinem eigenen Geld neuen Lack besorgen muss, diese Geschichte aber mit der Beseitigung der Fußspuren ohne großes Aufheben als abgeschlossen gilt.

Nur ein einziger Abdruck ließ sich nicht entfernen. Er steht von nun an als Symbol für den Abdruck, den wir alle gegenseitig in unseren Leben hinterlassen.

Allein sein

Fünf gemeinsame Jahre sind eine lange Zeit. Petra hätte so gern ewige Zeiten daraus gemacht, mindestens die Ewigkeit dieser Zeit. Aber Martin ging. Er verließ die gemeinsame Wohnung, ihr Leben. Zurück blieben Kisten, die er nie mehr abholte, und diese zerplatzten Träume, die so furchtbar schmerzten.

„Erst als er ging, wurde mir klar, dass ich noch nie in meinem Leben allein gewesen war. Ich bin direkt von meinen Eltern zu Martin gezogen. Nichts machte mir mehr Angst als das Alleinsein."

Es gab ein paar Freundinnen, die Petra aufmuntern wollten. Jede hatte einen besseren Tipp auf Lager: Sauna, in den Sportverein gehen, einen Tanzkurs machen, mit netten Leuten in den Urlaub fahren ...

Petra wählte den Mut entgegen ihrer größten Angst: das Alleinsein. Sie buchte eine Reise nach Griechenland, die netten Freundinnen ließ sie zu Hause und fuhr ganz allein. Drei Wochen Intensiv-Mut-Training gegen die Angst. Eine tolle Erfahrung.

David bezwingt Goliat –
Schritte aus der Depression

Eine Frau (59), die anonym bleiben möchte, ist Ärztin.

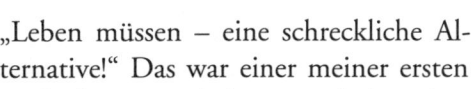

„Leben müssen – eine schreckliche Alternative!" Das war einer meiner ersten Gedanken im dicksten Nebel meines Lebens. Mein Mann, der sechs Jahre jünger war als ich, starb mit 42 Jahren ganz plötzlich. Verdacht auf Hirnblutung.

Wo war Gott? Warum hatte er das zugelassen? Er wusste doch, dass ich jetzt allein war. Meinen nicht erfüllten Kinderwunsch hatte ich ihm „ großzügig verziehen" in dieser wundervollen Ehe, dafür war ich viel zu glücklich mit meinem Mann. Auch dachte ich gern an meinen erfolgreichen Berufsweg, den Gott mir ermöglicht hatte. Nach Schulversagen in der Kindheit und einer Ausbildung als MTA hatte ich mit 32 Jahren mein Abitur nachgeholt, anschließend Medizin studiert und mit fast 40 Jahren mein Staatsexamen gemacht, zwei Jahre später dann meine Dissertation abgeschlossen. Das Studium hatte mir unendlich viel Freude gemacht, ich hatte das Gefühl, dass mein Leben weiter, heller und sinnvoller wurde. Ich genoss jeden Tag, an dem mir all diese interessanten naturwissenschaftlichen und medizinischen Mechanismen und Zusammenhänge klar wurden.

Bis heute liebe ich meinen spannenden und attraktiven Beruf als Ärztin, anfangs in einer Herzklinik, jetzt im sozialmedizinischen Bereich des öffentlichen Dienstes.

Bis zum Tod meines Mannes war alles wirklich eine Super-Zeit gewesen. Aber nun? Keiner war mehr da, der mit mir meine beruflichen Erlebnisse und meinen Alltag teilte. Keiner, der abends auf mich wartete und an dessen Leben ich auch Anteil nehmen konnte.

Unser gemeinsames Leben war so intensiv gewesen ... Hatte ich nicht auch ein Recht auf Glück? Mir war durchaus bewusst, dass Gott mir diesen Mann geschenkt hatte, und ich war ihm auch sehr dankbar für diese erfüllte, von gegenseitigem Vertrauen geprägte und entspannte zweite Ehe, nachdem meine erste Ehe nach 14 Jahren gescheitert war.

Und nun? Warum, warum? Hatte ich in Gottes Augen versagt? Bestrafte er mich wegen meiner Sünden, wegen meiner zunehmenden „Lauheit?" Wo war er? Warum half er mir nicht? Meine angstvollen Gebete drangen nur bis zur Zimmerdecke. Ich hatte den Eindruck, der Himmel sei verschlossen.

Angst und hilfloser Zorn nahmen immer mehr zu. Was war das überhaupt für ein Gott, der einfach so zusehen konnte, wie ich mich quälte und litt? War ich denn nicht sein Kind?

Eine Frau aus meiner Gemeinde versuchte mich mit ein paar frommen Worten zu trösten: „Andrea, Gott hat dich doch so lieb!"

„Ich ihn aber nicht", gab ich wütend zurück. So einen Gott wollte ich nicht, auf den konnte ich verzichten.

Jahre des Haders, der Depression und der Verzweiflung folgten. Ich befand mich in tiefer, hoffnungsloser Dunkelheit.

Zu meinem Erschrecken wurde mir im Laufe der Zeit klar, dass ich Gott gar nicht kannte. In meiner Vorstellung ähnelte er jetzt mehr und mehr meiner strengen Mutter, vor der ich als Kind Angst gehabt hatte. Ich las Unmengen von Büchern über Psychologie, Psychotherapie und Seelsorge, dazu andere christliche Literatur, auch viel in der Bibel. Und ich entdeckte, dass ich mit meinem Gottesbild völlig „schief lag". Aber dieses Kopfwissen half mir nicht weiter. Wie konnte das Gottesbild in meinem Herzen zurechtgerückt werden, so dass es auch im praktischen Leben Bedeutung hatte? Wie sah das wirklich mit Gottes Liebe aus? Wo konnte ich diese überhaupt in meinem jetzigen Leben entdecken?

Viele Bücher zum Thema „Vertrauen" stapelten sich neben meinem Bett. Es war alles so logisch, aber ich kriegte es nicht auf die Reihe. Auch meine Gebete waren von dieser Hoffnungslosigkeit geprägt.

Hin und wieder machte ich einen kleinen Vertrauenstest, in dem ich Gott im dicksten Rush-hour-Verkehr in der Innenstadt um einen Parkplatz bat. Überraschenderweise wurde auch jedes Mal fast direkt neben mir einer frei. Aber ich war trotzdem wütend auf Gott und schrie ihn an: „Um Parkplätze kümmerst du dich, aber mein Leben ist dir völlig schnuppe!" Ich misstraute Gott weiterhin und blieb voller Argwohn.

Auch andere Dinge traten in dieser „Wüstensituation" hervor, verdrängte und nicht verarbeitete Verletzungen aus meiner Kindheit kamen bedrohlich an die Oberfläche. Mit meiner Schwester hatte ich schon immer eine problematische Beziehung gehabt; solange ich einen Partner hatte, hatten sich aber die Konflikte gut verdrängen lassen. Wir sahen uns ohnehin aufgrund der Entfernung höchstens einmal im Jahr. Jetzt versuchte ich in meiner Einsamkeit mich ihr zu nähern und besuchte sie häufiger. Ich merkte aber bald, dass sich seit meiner Kindheit nichts zwischen uns geändert hatte. Ich fühlte mich erneut ständig übersehen, nicht beachtet und wenn überhaupt wahrgenommen, dann immer auch gleich kritisiert. Bei einem meiner Besuche wagte ich es schließlich, ihr meine Enttäuschung an den Kopf zu werfen: „Ich fühle mich bei dir wie ein Zaungast, irgendwie habe ich das Gefühl, gar nicht willkommen zu sein, ich gehöre hier nicht her. Du hast dich noch nicht einmal nach mir erkundigt. Alles dreht sich nur um dich und deine Familie. Du erzählst ununterbrochen von dir. Ich komme ohnehin in deinem Leben nicht vor."

Ich sehnte mich nach Aufmerksamkeit und Beachtung, aber hier konnte ich sie nicht erfahren. Meine Schwester fand mich lediglich egoistisch, und eine der häufigen Streiterein war die Folge. Ich fühlte mich unverstanden und abgelehnt und war unfähig, den Konflikt zu lösen. Schließlich schränkte ich die Kontakte von meiner Seite aus immer mehr ein und reduzierte sie auf ein Höflichkeitsminimum.

Nach und nach entwickelte sich in mir das Gefühl, von allen Seiten an die Wand gedrängt zu werden, auch von Gott. Ich konnte nur noch um mich schlagen. Ich war in diesen Jahren auch unfähig, Freundschaften zu knüpfen oder zu pflegen. Wo ich auch auftrat, ich ließ nichts als Scherben zurück. Ich sehnte mich nach anderen Menschen und konnte gleichzeitig ihre Nähe nicht ertragen. Mich quälte die Frage, ob ich je wieder fähig sein würde zu lachen, fröhlich und unbeschwert zu sein.

Mein wackliges, schiefes und brüchiges Glaubensfundament hatte sich nicht als tragfähig erwiesen, es krachte wie bei einem Erdbeben, mein „Schönwetterglaube" hatte dieser Belastung nicht standgehalten.

Beim Bibellesen zogen mich hauptsächlich die trüben Klagelieder Jeremias an oder dunkle Verse aus Jesaja. Aus den Psalmen suchte ich mir die Stellen aus, in denen David sich elend fühlte und von Gott verlassen. Alles Positive und Ermutigende, alles Hoffnungsvolle sprach mich nicht an, ich fühlte mich geradezu davon verhöhnt.

Äußerlich versuchte ich mir so wenig wie möglich anmerken zu lassen, jedenfalls ging ich regelmäßig zur Arbeit, aber innerlich tobte ein verzweifelter Kampf.

Von meiner Gemeinde war ich „weggelaufen". Ich landete schließlich in einer strengen, gesetzlichen Gemeinde, die mehr von Buße als von Gottes Liebe redete und den Mitgliedern ihrer Gemeinschaft strenge Vorschriften für das Leben als Christ machte. Freude am Evangelium kam hier selten auf. Mir war nicht bewusst, dass dies genau meiner Stimmung entsprach.

Ich war am Tiefpunkt meines Lebens angelangt.

In dieser Zeit las ich immer wieder Bücher von Joni, der jungen Frau und Bestseller-Autorin, die mit 17 Jahren bei einem Kopfsprung ins Wasser sich die Halswirbelsäule verletzt hatte und danach fast vollständig gelähmt war. Joni hatte sich auch mindestens zwei Jahre heftig gegen Gott aufgelehnt, sie konnte und wollte dieses schwere Schicksal nicht akzeptieren. Erst als ihre Verzweiflung ihren Höhepunkt erreicht hatte, ihr Leben aussichtslos und dunkel vor ihr lag und sie völlig am Ende war, da war sie bereit, ihr Leben in Gottes Hand zu legen.

Aber welch eine Überraschung, als Joni diesen Schritt getan hatte: Es kam zum ersten Mal seit ihrem Unfall wieder Frieden in ihr Herz, und eine erste schwache Hoffnung keimte in ihr auf, dass Gott auch für ihr Leben noch irgendeine Lösung kannte. Die Angst, völlig nutzlos und ohne Sinn und Ziel dahinzuvegetieren, wich allmählich von ihr. Die Leser ihrer Bücher wissen, welche wunderbare Wendung Jonis Leben nahm.[1]

Irgendwie berührte und faszinierte mich diese wahre Geschichte immer wieder. Auch wenn ich körperlich gesund war, fühlte ich mich doch emotional Joni in ihrer damaligen Situation sehr verbunden. War es möglich, dass Gott auch in meinem Leben, in meiner ganz besonderen Situation, in meiner Ausweglosigkeit noch irgendetwas tun konnte?

Es kam der Tag, an dem ich schließlich nach jahrelangen inneren Kämpfen und nur mit einem Funken Hoffnung die Scherben meines Lebens Gott anbot. Ich sagte ihm, dass ich mit meinem Leben nichts mehr anfangen könne, keinen Mut zum Leben mehr habe und unfähig sei, mich selbst zu verändern, Ich könne mein inneres Gleichgewicht ohne seine Hilfe nicht wieder finden.

Wenn der Wind weht, löscht er die Kerze aus und facht das Feuer an.
aus dem Arabischen

Und Gott enttäuschte mich nicht. Er richtete mich auf und gab mir von Tag zu Tag größeren Frieden, ein aufkeimendes Vertrauen und Hoffnung. Neuer Lebensmut brach in mir auf.

Erst später entdeckte ich, dass gerade meine Hilflosigkeit, die ich vor Gott darlegte, sein größter Aktivposten war. Das fand ich auch in zahlreichen biblischen Geschichten im Alten Testament bestätigt, wie bei Gideon oder König Josaphat, aber auch im Neuen Testament, wo Jesus sich den Hilflosen zuwendet.

[1] Joni Eareckson Tada, Joni – Die Biographie, Gerth Medien Asslar

Zunächst aber ergaben sich ganz praktische Dinge. „Zufällig" gerieten mir in dieser Zeit Bücher über Lebenslügen in die Hände. In ihnen ging es um falsche Überzeugungen, Einstellungen, Erwartungen und Festlegungen, die nicht mit der Wahrheit übereinstimmen, aber unbewusst in uns wirken, die unsere Gefühle beeinflussen und uns entsprechend handeln lassen. Mir wurde mehr und mehr bewusst, was für Gedankenfolgen in mir abliefen, wie wenig ich meine Gedanken auf Wahrheit überprüfte. („Das schaffe ich doch sowieso nicht! Ich bin nur so viel wert, wie ich leiste! Niemand mag mich! Ich bin beziehungsunfähig! Das Leben sollte fair sein!") Mein „innerer Kassettenrekorder" spielte diese falschen Gedankenmuster ab, sobald ich auf die „Playtaste" drückte. Ich merkte, dass viele meiner emotionalen Schwierigkeiten mit diesen Mustern zusammenhingen. Auch mein Glaubensleben war von ihnen durchsetzt.

Zur selben Zeit entdeckte ich, wie gut mir die Biografien vieler „Glaubensmütter und -väter" taten und wie vieles davon ich auch auf mein Leben anwenden konnte. Außerdem lernte ich allmählich, die Bibel anders zu lesen. Ich begann, mir ganz bewusst die ermutigenden und Hoffnung machenden Stellen herauszusuchen und mit Gott darüber zu sprechen. Meine Kommunikation mit Gott, die vorher von Vorwürfen, Anklagen und Selbstmitleid geprägt war, veränderte sich völlig. Eine zaghafte erste Freude, eine beginnende Zuversicht kam wieder in mein Leben.

Parallel dazu breiteten sich Ruhe und Entspannung in meinen persönlichen Beziehungen aus. Eine zerbrochene Freundschaft zu einer mir sehr nahe stehenden Freundin konnte erneuert werden, als sie wieder Kontakt zu mir aufnahm. Auch neue Freunde traten in mein Leben. Und je mehr ich alle Erwartungen an meine Schwester losließ, desto entspannter gestaltete sich auch diese Beziehung. Wenn es auch weiterhin noch einige „Baustellen" in meinen Beziehungen gab und gibt, so konnte ich doch mehr und mehr Konflikte an Gott abgeben und auf seine Lösungen vertrauen.

Dieser ganze Prozess brauchte seine Zeit. Erstaunlicherweise aber brach schließlich sogar Dankbarkeit auf: Ich konnte jetzt von Herzen für Gottes Führung und meine besondere Lebenssituation danken. Ja, ich empfand mein Leben nun als richtig spannend.

Eine Geschichte aus dem Alten Testament, die ich inzwischen fast auswendig kannte, machte mir in dieser Phase sehr viel Mut: der Kampf von David und Goliat. Ich stellte mir vor, dass König Sauls Gebete von Unglauben und Angst geprägt waren und dadurch Gottes Hilfe blockierten – während David eine Schleuder des Vertrauens mit Kieselsteinen füllte, um Gott die Ehre zu geben und Goliat zu erschlagen. Für mein Leben hieß das: Sobald ich Gott einen Funken Vertrauen schenke, übernimmt er den Kampf und schenkt mir den Sieg über „meinen Goliat", meine emotionale Niederlage und meine Lebensangst.

Meine Lebenssituation, die ich jahrelang als negativ und belastend empfunden hatte (plötzliches Single-Dasein, keine Kinder, kaum Familie), entwickelten sich zunehmend zu einer positiven Herausforderung. Ich hatte immer nach Sicherheiten gesucht, ich wollte alles im Griff haben, es sollte voraussehbar, abschätzbar sein. Meine Bedürfnisse waren völlig legitim, aber ich konnte sie nicht selbst erfüllen.

Als ich Gefangener war in deinem Haus und die Türen noch verschlossen waren, plante mein Herz ständig zu fliehen. Jetzt, da du Türen und Fenster geöffnet hast, bleibe ich.
Rabindranath Tagore

In der folgenden Zeit wurde mir klar, dass Gott sich um alle meine Bedürfnisse nach Kontakt und engeren Beziehungen, nach einer sinnvollen Aufgabe und einem neuen Platz, an den ich gehöre, kümmert, ganz praktisch. Inzwischen habe ich wieder sehr gute Freunde, außerdem fand ich eine neue, positive, fröhliche Gemeinde und eine ehrenamtliche Tätigkeit in der Seelsorge, wo ich meine nebenberufliche psychotherapeutische Ausbildung nutzen kann. Und dann nehme ich noch an einem Wohnprojekt für alternatives Leben allein stehender Menschen in meinem Alter teil.

Gott gab mir einen immer tieferen Frieden über eine ungewisse Zukunft, die mir bisher große Angst gemacht hatte. Und ich fand mit der Zeit heraus, dass gerade meine Lebens-Defizite eine ungeheure Chance darstellen. Sie bringen mich in eine enge Gemeinschaft mit Gott, in eine entspannende, wohltuende, vertrauensvolle Abhängigkeit. Ich durfte mein Leben, meine Ängste, mein ständiges hektisches Planen in Gottes Hände abgeben und endlich loslassen.

Mein Leben – ein Abenteuer mit Gott?

Ja, obwohl ich es nie für möglich gehalten hätte. Gott ist dabei, aus den Scherben meines Lebens einen wunderbaren neuen Krug zu formen. Die Risse im Krug, dort, wo er die Scherben zusammensetzt, gehören dazu, sie machen mich aus. Es sind die Narben, die ich nicht missen möchte.

Ich sehe mit großem Vertrauen und mit Spannung auf Gottes weitere Führung und Arbeit an mir.

Ein neuer Krug, ein neues Leben wird mir geschenkt.

Mitmachen, einmischen, verändern – Schule braucht Eltern

Barbara von Schnurbein (53), Anglistin und Slawistin, ist Autorin, Referentin zu Bildungs- und Erziehungsthemen und Mutter von fünf Kindern.

Die Kinder werden immer schwieriger! Jugendkriminalität hat zugenommen! Deutsche Schüler sind zu schlecht! Steigende Gewaltbereitschaft in den Schulen! – Fast täglich können wir solche Schlagzeilen lesen. Eine Hiobsbotschaft jagt die andere. Man fragt sich, wo das noch hinführen wird, und möchte fast in den Seufzer von Karl Valentin einstimmen: „Die Zukunft ist auch nicht mehr das, was sie mal war!"

Mit einer gewissen Genugtuung kann man feststellen, dass ähnliche Klagen schon aus der Zeit der alten Griechen überliefert sind und dass wohl jede Generation meint, mit *dieser* Jugend breche das Chaos aus. Dennoch haben wir die Aufgabe, erkannte Probleme anzupacken.

Was also können wir tun? Können wir als Einzelne überhaupt etwas bewirken?

Ähnliche Fragen stellte ich mir auch, als ich 1980 beim Schuleintritt unserer ältesten Tochter gefragt wurde, ob ich nicht für den Elternbeirat kandidieren wolle. Nun gut, selbstverständlich interessierte ich mich für die Schule unserer Kinder – und dann war ich plötzlich Vorsitzende! Es galt, sich zu informieren: Welche Rechte haben Eltern denn überhaupt in der Schule? Wer Rechte haben will, muss auch seine Pflichten kennen. Wie können Eltern die Arbeit der Lehrer und Lehrerinnen unterstützen? Ist das überhaupt erwünscht?

Vorsichtig tastete ich mich vorwärts, entdeckte immer neue Bereiche, wo ich etwas anstoßen konnte. So schrieben wir in der Grundschule einen Malwettbewerb zur Gestaltung des tristgrauen, niedrigen Sichtbetonraumes aus, in dem die Schulbuskinder ihre Wartezeiten verbrachten. Der Jury fiel es nicht leicht, unter den vielen farbenfrohen Kinderzeichnungen die Preisträger zu ermitteln. Deren Bilder wurden dann mit Hilfe eines Malers und der Elternbeiräte an einer Wand des Busraumes aufgemalt. Der ganze Aufwand hatte sich gelohnt! Neben der Verschönerung des Busraumes hatte die Aktion auch Auswirkungen auf die Zusammenarbeit zwischen Eltern und Schule. Dadurch ermutigt, nahmen wir uns im nächsten Jahr ein größeres Projekt vor: die Gestaltung des Pausenhofes. Mein Mann stiftete uns das Holz, handwerklich begabte Elternbeiräte bereiteten es vor, und an zwei Wochenenden wurden dann die neuen Spielgeräte aufgestellt. Wie stolz waren wir, als der TÜV nach der Sicherheitsabnahme die Geräte für die Kinder freigab! Ich lernte dabei, dass ein gutes, harmonisches Schulklima für den Lernerfolg wahrscheinlich genauso wichtig ist wie ein geeigneter Lehrplan.

Es beschäftigte mich auch die Frage, warum so viele Kinder, die doch kaum den ersten Schultag erwarten konnten, schon bald lustlos in die Schule gehen. Viele Lehrkräfte klagten über die „schwierigen" Kinder und das Versagen der Eltern. Als unsere fünf Kinder nach und nach in die Schule kamen und dann das Gymnasium besuchten, wurde ich auch dort Elternbeiratsvorsitzende. Ich lernte Lehrer und Lehrerinnen kennen, die die Kinder begeistern konnten und sich enorme Mühe machten. Aber ich hörte auch immer wieder, dass Kinder zu Unrecht schlechte Noten bekamen, sich nicht zu fragen trauten, dass der Umgangston sehr zu wünschen übrig ließ. Es kam vor, dass Eltern sich zwar bei mir über irgendwelche Vorkommnisse beschwerten, mich aber gleichzeitig baten, nichts zu sagen, „um dem Kind nicht zu schaden".

Konnte ich als einzelne Person oder konnte der Elternbeirat als Gremium hier etwas bewirken? Hatte es Sinn, die Unannehmlichkeiten einer Auseinandersetzung in Kauf zu nehmen, um langfristig etwas zu verändern? Je mehr ich mich mit Elternfragen und Schulrecht beschäftigte, desto klarer wurde mir, wie rückständig die „Kundenorientierung" im Bildungsbereich war. Die Eltern waren zwar als „Rohstofflieferanten" nötig, aber im Grunde selten wirklich erwünscht. Informationen flossen nur spärlich, meist wurden unsere Anfragen als „Einmischung" betrachtet oder als Überreaktion zurückgewiesen. Bei Klagen über Lehrkräfte wurde darauf verwiesen, dass es in allen Berufen schwarze Schafe gäbe – vor allem auch bei den Eltern! Mehr und mehr bekam ich den Eindruck, dass bei Eltern und Lehrkräften unausgesprochene Vorbehalte herrschten, Vorurteile und Ängste, die eine Zusammenarbeit erschwerten.

Tue das Gute vor dich hin und bekümmere dich nicht, was daraus werden wird. Wolle nur eines, und das wolle von Herzen.
Matthias Claudius

Damit wollte ich mich nicht abfinden. Anfang Dezember luden wir die Lehrer zu einem gemütlichen Nikolaustreffen ein, wo wir uns in entspannter, gastfreundlicher Atmosphäre unterhielten und kennen lernten. Das Treffen wurde ein fester Bestandteil des Schullebens, abwechselnd luden der Elternbeirat und das Lehrerkollegium sich gegenseitig ein.

Auf der Suche nach Verbesserungen weckten andere Schulsysteme mein Interesse. Im Rahmen der Landeselternvereinigung der Gymnasien in Bayern arbeitete ich auch in der Europäischen Elternvereinigung mit – und bekam wieder Mut! Diese diffusen Ängste und Vorbehalte gab es in anderen Ländern wohl auch, aber ich fand auch großartige Beispiele gelungener Zusammenarbeit. Daran wollte ich mich orientieren! Ich informierte mich, wo immer es ging, las viele Bücher über Erziehung, über Schule, teilweise auch über ältere Schulmodelle wie die Francke'schen Stiftungen in Halle. Ich befasste mich mit den Biografien von Comenius, Melanchthon und Pestalozzi. Der Zusammenhang von Erziehung, Bildung und einem lebendig gelebten christlichen Glauben wurde mir immer wichtiger.

Ganzheitliche Persönlichkeitsbildung, Wertschätzung und Lebenstüchtigkeit müssten ebenso Bildungsziele sein wie Kenntnisse und Fähigkeiten in den einzelnen Schulfächern. Dafür wollte ich mich einsetzen. Aber war das nicht ein bisschen hoch gegriffen? Wir erlebten ja, dass regelmäßig fast alle Anträge, die von Eltern gestellt worden waren, abgelehnt wurden. „Nicht möglich", „nicht zu finanzieren", „unrealistisch", „fällt in die Kompetenz der Lehrer", „ist im Lehrplan schon vorgesehen". So oder ähnlich lauteten die Kommentare. Die schlimmste Antwort war für mich: „Das haben wir noch nie gemacht, das ist nicht üblich." Hatte es überhaupt Sinn, sich so zu engagieren, wenn wir mit unseren Vorschlägen auf Granit bissen?

Lass dir von keinem Fachmann imponieren, der dir erzählt: „Lieber Freund, das mache ich schon seit zwanzig Jahren so." Man kann eine Sache auch zwanzig Jahre lang falsch machen.
Kurt Tucholsky

Viele Elternvertreter hatten durch ihren Beruf Einblick in wirtschaftliche und gesellschaftliche Entwicklungen. Sie erlebten täglich die zunehmende Beschleunigung in fast allen Lebensbereichen und litten an dem enormen Beharrungsvermögen im Schulbereich. Da kam uns die Berliner Rede des damaligen Bundespräsidenten Roman Herzog zu Hilfe! Durch Deutschland müsse ein Ruck gehen, forderte er. Und dass betreffe vor allem auch den Bildungsbereich. Plötzlich wurden wir Eltern einbezogen! Als Vorsitzende der LEV der Gymnasien in Bayern wurde ich zu Strategietagungen eingeladen und durfte in Kommissionen mitarbeiten, die sich mit grundlegenden Bildungsfragen beschäftigten. Nun bewährte es sich, dass wir in Arbeitskreisen und in vielen Sitzungen Konzepte entwickelt hatten. Manches wurde übernommen. Sogar Gesetzesänderungen wurden beschlossen, durch die die Mitarbeit der Eltern einen größeren Stellenwert bekam. (Es ist nämlich ein schwer zu ertragender Widerspruch, wenn man einerseits das mangelnde Interesse der Eltern an der Schule ihrer Kinder beklagt, den Eltern andererseits aber kaum Mitentscheidungsmöglichkeiten gibt. Wer verbringt schon gerne seine knappe Zeit ehrenamtlich in Gremien, deren Votum hinterher als völlig belanglos abgetan werden kann?) Erfreulicherweise bekamen wir auch immer öfter ein positives Echo auf unsere Vorschläge. Unsere offiziellen Anträge wurden nicht nur ernst genommen, sondern manchmal sogar gelobt!

Mir ging jedoch vieles immer noch zu langsam. Oft hatte ich das Gefühl, dass in den meisten Sitzungen nur die Forderungen von gestern behandelt wurden, während wir doch eigentlich darüber hätten nachdenken müssen, was unsere Jugend und unsere Gesellschaft übermorgen brauchen wird. Was ist Bildung? Gibt es hier überhaupt einen Konsens, der so klar ist, dass man dementsprechende Lehrpläne entwickeln und Bildungsgänge gestalten kann? Immer deutlicher wurde für mich, dass Bildung eine Aufgabe der ganzen Gesellschaft ist, nicht nur der Familien mit Kindern oder der beruflich im Bildungsbereich Tätigen. Deshalb dürften wir es uns nicht länger leisten, geringschätzig über Lehrer/innen zu sprechen oder Erzieher/innen und Kindergärtnerinnen nur mäßig zu bezahlen.

Ich wollte einen Beitrag zum Umdenken in unserer Bevölkerung leisten. Darum gründete ich mit anderen im Bildungsbereich engagierten Personen 1999 das „FORUM Partnerschaft Elternhaus und Schule". Die Verbesserung der Zusammenarbeit zwischen Schule und Eltern schien mir ein Schlüssel für eine Steigerung der Bildungsqualität zu sein. Erste Aufgabe der Schulen müsste es natürlich weiterhin sein, fundiertes Wissen zu vermitteln, aber die Zusammenarbeit mit den Eltern könnte interessante Aspekte des Arbeitslebens ergänzen und zusätzliche Lebenskompetenz schaffen. Vor allem wollten wir das Gespräch zwischen Eltern und Lehrern intensivieren und Ängste durch offenes, anerkennendes Gespräch abbauen. Unser erstes Projekt war deswegen auch ein Kommunikationsseminar, an dem Schulleitungen, Eltern und Lehrkräfte gemeinsam teilnahmen. Das Echo war sehr positiv. Inzwischen ist das Seminar als Fortbildungsmaßnahme für Lehrkräfte aller Schularten anerkannt. Es hat sich gelohnt, ganz klein anzufangen und mutig voranzugehen.

Die TIMSS-Studie[1] und besonders PISA[2] im Jahr 2002 bewirkten eine intensive Diskussion unseres Bildungssystems, der Schulen, Lehrkräfte, Eltern und Schüler in den Medien und in der Öffentlichkeit. Oft wurden pauschal „*die* Eltern", „*die* Lehrer" oder gar „*die* Schülerinnen und Schüler" für das schlechte Abschneiden der deutschen 15-Jährigen verantwortlich gemacht. Aber es gab auch interessante Analysen, die nicht nur die schulischen Leistungen betonten, sondern auch das Umfeld berücksichtigten. Hier spielte das Verhältnis von Eltern und Schule eine wesentliche Rolle. Ähnlich wie bereits TIMSS bestätigte auch PISA, dass die Leistungen deutlich besser sind in Ländern, in denen Schule, Lehrer und Lernen ein hohes Ansehen genießen.

Es muss uns also gelingen, dass wir denen, die unsere nächste Generation prägen, wieder mehr Wertschätzung entgegenbringen. Dass wir neben der Schule auch wieder Mutterschaft und Familienarbeit als wichtigen Beitrag zu unserer Gesellschaft anerkennen und entsprechend unterstützen. Wer kann erwarten, dass gut ausgebildete junge Frauen Kinder bekommen, ihnen zu liebe auf manches verzichten, um sich dann als „Heimchen am Herd" bezeichnen zu lassen? Wo sind die Väter, die ihren Kindern den Respekt vor dem täglichen Kleinkram beibringen, der in einer Familie getan werden muss? Was soll das ganze Getue um den Muttertag, wenn man den Rest des Jahres Familienarbeit abqualifiziert? Ich bin sicher, dass wir uns viele Probleme mit Jugendlichen und generell in unserer Gesellschaft sparen könnten, wenn wir den Müttern, den Kindergärtnerinnen, den Lehrerinnen und Lehrern insgesamt mehr Wertschät-

[1] Third International Mathematics and Science Study, eine internationale Vergleichsstudie zu den mathematischen und naturwissenschaftlichen Fähigkeiten
[2] Programme of International Student Assessment, Internationale Vergleichsstudie mit 15-jährigen Schülerinnen und Schülern der OECD-Länder zu Lesekompetenz, Mathematik und Naturwissenschaften, deren erste Ergebnisse im Dezember 2001 veröffentlicht wurden. Dazu ein deutschlandinterner Ländervergleich PISA-E im Sommer 2002, bei dem die 15-Jährigen ergänzt wurden durch Probanten der 9. Jahrgangsstufe, da sich die 15-Jährigen in Deutschland auf drei Klassenstufen verteilen.

zung und Unterstützung entgegenbringen würden. Hierzu kann ein Engagement im Elternbeirat ein wichtiger Schritt sein. Wenn wir weiterhin eine christliche Prägung unserer Gesellschaft wollen – und vieles, was wir als selbstverständlich in unserem Land ansehen, beruht auf christlichen Grundwerten –, dann sollten wir auch unsere Zeit, unsere Kreativität und unser Geld dafür einsetzen. Meine Erfahrung ist, dass es sich lohnt. Auch eine einzelne Person kann manches anstoßen, und ich habe einige Fähigkeiten entwickelt, die ich sonst wahrscheinlich nie bei mir entdeckt hätte.

Ganz konkret: Eine Oberstufenschülerin hatte wegen chronischer Krankheit in einem Schuljahr sehr viele Unterrichtsstunden versäumt. Trotzdem erreichte sie in allen Fächern gute bis durchschnittliche Noten. Nur ein Fach machte Probleme. Der Lehrer wollte ihr deshalb die Note 6 geben. Damit war klar, dass sie das ganze Schuljahr wiederholen musste. Die Schülerin empfand die Note als ungerecht, suchte das Gespräch mit dem Lehrer, erreichte aber nichts. Die Eltern sprachen mit dem Lehrer, da die Tochter auch in diesem Fach nicht nur ungenügende Leistungen erbracht hatte – ohne Erfolg. Die Schulleiterin zeigte im Gespräch zwar Verständnis, wollte aber auch nicht gegen das Lehrervotum vorgehen. Schließlich riefen die Eltern mich an. Sie schilderten ihre Tochter als äußerst fleißig und motiviert. Ich bat um Zusendung der vorliegenden Noten und des Schriftwechsels sowie der Fehlstundenzahlen und der ärztlichen Bescheinigungen. Mir schien ein Wiederholen wirklich Verschwendung von Lebenszeit, da die Schülerin trotz der erheblichen Belastung durch die Krankheit, die mehrere Krankenhausaufenthalte nötig gemacht hatte, in den anderen Fächern akzeptable Leistungen zeigte und eine Wiederholung unnötig war. Was konnte ich tun? Ich nahm zunächst Kontakt zur Schulleiterin auf. Sie sagte mir, dass sie überzeugt sei, die Schülerin könne das nächste Schuljahr schaffen und das Abitur bestehen. Aber sie sei an die Versetzungsregeln gebunden, wenn nicht eine Ausnahmeregelung geschaffen werde. Dafür wollte ich mich gerne einsetzen! Zunächst betete ich und bat Gott um seine Führung, dann telefonierte ich. Um es kurz zu machen: Die Schülerin wurde auf Probe versetzt und machte im folgenden Jahr ihr Abitur.

Noch andere, ähnliche Beispiele gab es, wo es gelang, der Situation oder der besonderen Begabung entsprechende Lösungen zu finden anstatt einzig nach Paragrafen zu urteilen. Wichtig war mir dabei immer, dass alle Beteiligten gehört und besondere Lebensumstände berücksichtigt wurden. Angesichts der Veränderungen in unserer Gesellschaft muss die Flexibilität in allen Bereichen zunehmen. Menschliche, die Lebenszeit der Jugendlichen wertschätzende Wege tragen dazu bei, dass das Begabungspotenzial unserer Jugend optimal genutzt werden kann. Ich habe es mir zur Gewohnheit gemacht, für die gelungenen Lösungen dankbar zu sein und mich nicht zu sehr frustrieren zu lassen, wenn wieder ein Kind im Paragrafendschungel hängen blieb, obwohl es mich jedes Mal traurig macht, wenn dadurch mögliche Lebenswege durchkreuzt werden. Angemessene Reduzierung der Bürokratie – auch im Bildungsbereich – und auf den einzelnen Fall abgestimmte Einzellösungen sind wichtige Ziele, für die sich der Einsatz lohnt, auch wenn es manchmal einigen Mut erfordert!

Mit dem Abitur unserer jüngsten Tochter im kommenden Jahr werde ich nach 24 Jahren die aktive Elternbeiratsarbeit beenden. Aber ich weiß jetzt schon, dass mich das Thema Bildung als gesamtgesellschaftliche Aufgabe weiterhin beschäftigen wird. Es gilt auch hier: Die weiteste Reise beginnt mit einem Schritt.

„Mit der Dose klappern wie die von der Heilsarmee? – Nicht mit mir!"

Das war ihr erster Gedanke, als Angelika das Rundschreiben ihres Clubs las, das seine Mitglieder zu einer Sammelbüchsen-Aktion für die Bahnhofsmission gewinnen wollte.

Auf den Bahnsteigen des Berliner Bahnhofs „Zoo" mit Büchsen klappern, auf Leute zugehen, bittende Worte finden, Almosen sammeln für die, die am Rande stehen? Vielleicht auch noch auf Reisende stoßen, die sonst mit ihr in ihrem vornehmen Büro am Verhandlungstisch sitzen, Verträge diskutieren – also Kunden treffen, bei denen es um echte Summen geht?

Angelika nahm ihren Mut zusammen, trug sich für eine Sammel-Schicht in den Zeitplan ein und schickte die Rückmeldung per Fax ab. Und noch mehr Mut brauchte sie dann, als es wirklich losging, mit der Büchse über den Bahnsteig. In den ersten Minuten hielt Angelika sich an der Büchse richtig fest. Aber schon nach kurzer Zeit klapperte sie immer mutiger, nahm die Reisenden fest in den Blick, lächelte so gewinnend wie möglich und errang ihre kleinen runden, klappernden und manchmal sogar lautlosen (Schein-) Siege.

Und was hat es gebracht? Eine gefüllte Büchse mit einer wirklich stolzen Euro-Summe und ein richtig gutes Gefühl ...

Mut ist wichtiger als Schokolade – Veränderungen in der Lebensmitte

Ute Wegend (44) ist Kinderkrankenschwester und lebt mit ihrem Mann und ihren vier Kindern in Berlin.

„Wer keine Angst hat, kann auch nicht mutig sein." Diesen Satz fand ich, als ich mich intensiv mit dem Thema Angst für einen Frauenabend beschäftigte. Viele Frauen waren zu diesem Abend eingeladen, und ich musste wohl oder übel vorher meinen eigenen Ängsten selbst ins Auge blicken. Ein Anlass, mir zu überlegen: Wovor hast du, Ute, eigentlich Angst? Ich und mutig? Was hat Angst mit Mut zu tun? Was mit Schokolade?

Es ist eine Reise in meine ganz persönliche Geschichte.

Angst, nicht genug zu leisten
Angst, nicht zu genügen
Angst, darum nicht geliebt zu werden
Angst, nicht einschlafen zu können
Angst vor zwischenmenschlichen Spannungen

Diese Ängste haben mich geprägt und Spuren hinterlassen.

Meine Eltern, beide Lehrer, hatten hohe Erwartungen an ihre Erstgeborene. Sie hatten konkrete Vorstellungen von Erziehung, bestimmte Erwartungen, und sie übten Druck aus, um ihre Ziele zu erreichen. So entwickelte ich in meiner Kindheit feine Antennen für die Erwartungen anderer, fühlte mich ständigem Leistungsdruck ausgesetzt und versuchte zu „funktionieren". Ich stieß immer wieder an die Grenzen meines eigenen Vermögens oder wurde auf sie hingewiesen und sah mich schließlich in einer Sackgasse. Daher fand ich mich mit 15 Jahren auch richtig mutig, als ich mich einer Klassenkameradin gegenüber zu meinem Schöpfer bekannte, einem Gott, der mich sieht und bedingungslos liebt. Abends lag ich überrascht von mir selbst auf meinem Bett, noch ganz verwundert über den neuen Weg, den ich eingeschlagen hatte.

In meinem Leben gab es immer kleine und große Mutgeschichten, die mich geprägt und verändert haben. Selbst die Geburt eines Kindes wurde zu solch einer Geschichte.

Ein besonders tiefer Einschnitt in meinem Leben war unser Umzug nach Berlin. Wir waren schon oft im Rheinland hin und her gezogen, aber dies war unser erster Umzug mit allen vier Kindern. Nach einigen erfüllten Jahren als Kinderkrankenschwester hatte ich mich mit viel Freude meinem Mann und den Kindern gewidmet. Was wir alles zusammen auf die Beine stellten! Etwas Luft blieb mir dennoch für Sport und ehrenamtliche Aktivitäten in Schule und Gemeinde.

Dann fand ich mich in Berlin wieder, fast vierzig Jahre alt, das jüngste Kind fast fünf, das älteste zwölf, daneben ein beruflich stark eingespannter Mann. Alle Wege in der Großstadt waren neu und durch die Entfernungen deutlich länger. Viele kleine und große Entscheidungen musste ich allein treffen, Veränderungen mutig angehen. Vierzig Jahre alt zu werden, bedeutet, viele Aspekte der eigenen Lebensgeschichte neu in Frage zu stellen, hatte mir eine Freundin mal prophezeit. Davon merkte ich zunächst jedoch nichts.

Ich bin ein ziemlich neugieriger Mensch, was meine Kinder sofort unterschreiben würden. Diese Eigenschaft hilft mir auch, auf andere Menschen zuzugehen. Außerdem bin ich kreativ, und es fällt mir offensichtlich leichter als manch durchstrukturiertem Menschen, mich auf Neues einzulassen. Mit viel Euphorie stürzte ich mich deshalb in alles Neue, gestaltete unser Haus, schuf unseren Kindern ein neues Umfeld und brachte mich mit großem Elan in die Frauenarbeit der Gemeinde ein. Ich hatte in meiner neuen Situation deutlich mehr Freiräume, die ich auskosten wollte und konnte. Neue Beziehungen bereicherten mein Leben.

Was hilft aller Sonnenaufgang, wenn wir nicht aufstehen?

Nur mit meinen oben beschriebenen Ängsten hatte ich nicht gerechnet. Sie brachen mit aller Deutlichkeit auf. Oft waren sie namenlos und hatten kein Gesicht. Zitternd und beinahe im Erdboden versinkend hörte ich Kritik, meine feinen Antennen für andere Menschen gaben mir Signale, die ich überbewertete. Ich war verunsichert. Meine Ängste wurden klarer in einem Konflikt mit einer Freundin. Was verletzte mich, was machte mich unsicher und wütend? Wovor hatte ich Angst? Was spiegelte sich in meiner Angst? Meine Abhängigkeiten? Von wem oder was? Hatte meine Freundin mit ihrer Behauptung doch Recht, dass es Zeit sei, Dinge in Frage zu stellen und meinen Ängsten auf den Grund zu gehen? Dieselbe Freundin hinterfragte auch meine Verletzlichkeit durch meine Herkunftsfamilie immer wieder. Warum kam ich im Hinblick auf meine Ängste nicht weiter? Lähmte mich wiederum meine Angst?

Seneca sagte vor langer Zeit: „Nicht, weil es schwer ist, wagen wir es nicht, sondern, weil wir es nicht wagen, ist es schwer." Angestoßen durch diese Worte und viele Gespräche begann ich zu schreiben. Viele meiner Gedanken finden sich in meinem Tagebuch wieder. Dann meldete ich mich eines Tages ganz mutig zu einem Rhetorikseminar an. Was hatte ich mir da nur angetan? Vor einem Publikum stehen zu müssen, hatte ich Jahre lang vermieden, weil ich mich keiner Schul- und Prüfungsatmosphäre aussetzen wollte. Zu tief saß meine Angst zu scheitern. Alles, was mit Schule zu tun hatte, weckte immer noch negative Gefühle in mir. Und in diesem Seminar sollte ich doch tatsächlich einen selbst ausgearbeiteten Vortrag vor laufender Videokamera und kritischem Publikum halten!

Nun gut, das Abenteuer begann, und ich nahm mir vor, dass mein Vortrag das Thema „Veränderungen" haben sollte. Ich hielt ihn vor kritischem Publikum – erkennbar nervös und unsicher. Das wollte und konnte ich so nicht stehen lassen. Also entschied ich mich, den Vortrag noch einmal zu halten, deutlich sicherer und freier, obwohl ich in der Nacht zuvor nicht geschlafen hatte. Der Philosoph Sören Kierkegaard hat einmal vom „Schwindel der Freiheit" gesprochen und damit das Ineinanderfallen von Angst, gewohnten Wegen und Freiheit beschrieben. Genau dieses Schwindelgefühl erlebte ich jetzt, es überwältigte mich fast, während ich versuchte, die Mauer meiner Ängste zu überwinden.

Die Kugel war ins Rollen gekommen und nicht mehr aufzuhalten. Ich hatte eine Entscheidung getroffen und wollte und musste jetzt weitermachen. Ich schrieb und erzählte auch anderen von meinen Unsicherheiten und Ängsten. Ich las viel und fand bei Anselm Grün hilfreiche Gedanken über die Lebensmitte: „Die Frau muss sich klar werden, was zu ihren *Alles beginnt mit der Sehnsucht. Nelly Sachs* Wegen als Frau alles gehört. Sie muss die Bilder ablegen, die andere ihr übergestülpt haben, um das Bild zu finden, das gerade für ihre persönliche Verwirklichung des Frauseins stimmt."[1]

Was wollte ich? Meinem Mann den Rücken freihalten? Gut funktionieren und immer präsent sein? Die eingefahrenen, lieb gewordenen Muster und Vorstellungen in meiner Ehe, Familie, und Herkunftsfamilie, auch bei Freunden in Frage zu stellen, ließen bei mir neue Ängste hervorbrechen. Angst vor neuen Wegen, Ute? Mut? Gut, dass ich nicht wusste, was auf mich zukam!

Ein Computerkurs eröffnete mir neue Möglichkeiten. Viele Verantwortungsbereiche meiner ehrenamtlichen Tätigkeit zeigten mir neue Perspektiven und Sichtweisen auf. Mutiger setzte ich meine Fähigkeiten ein und investierte viel Zeit in Menschen und neue Projekte.

Was folgte, waren Auseinandersetzungen mit meiner nächsten Umgebung, Menschen, mit denen ich täglich zu tun hatte. Ich war nicht mehr so bequem, was im Alltag mit meinem Mann und den Kindern deutlich wurde. Ich ließ mich auf Konflikte ein, weil ich nicht mehr alles so stehen lassen wollte, wie es bisher gewesen war. Es waren oftmals unsichere Versuche, deren Konsequenzen mir über den Kopf wuchsen. Trotzdem blieb ich stur und hielt an meinen Vorstellungen fest. Eine Tagebuchnotiz: *„Tief verletzt durch Zoff mit*

---

[1] Anselm Grün, Lebensmitte als geistliche Aufgabe, Münsterschwarzach 2001

Andreas (meinem Mann), *und immer wird mein Weg, mit dem ich be-*
gonnen habe, in Frage gestellt. Wohin? Warum ist der tagtägliche Weg so
schwer? Ständige Kritik! Angst und Unsicherheit! Ich will mich nicht
von allem und allen in Frage stellen lassen. Wer bin ich? Ich möchte
mich von Gott getragen wissen. Es ist nur so schwer."

Ich lese, dass jede Entwicklung, jeder Reifungsschritt mit Angst verbunden ist. Bei meinen Kindern erlebe ich im Moment die Pubertät. Ob ich eine zweite Pubertät durchmache? Auf jeden Fall hat das
Reifen auch etwas mit Angstüberwindung zu tun. Ich spüre, dass
Wachstum bedeutet, ein Risiko einzugehen.

Wochen später schreibe ich in meinem Tagebuch: *Ich darf nicht*
auf Anerkennung warten. Ich möchte meine Anerkennung von Gott her
ableiten. Seit einiger Zeit kämpfe ich gegen mein Umfeld: Andreas, Fa-
milie, gegen eingefahrene Strukturen in mir selbst. Gehe auf Macht-
kämpfe ein, weil ich mich selbst nicht immer entschuldigen will. Ich bin
so erschöpft, weil diese Machtspiele mein ganzes mühsam aufgebautes
Selbstwertgefühl in Frage stellen."

Ich habe mir viel vorgenommen. Ich komme mir vor wie auf einem Kampffeld mit vielen Fronten. Den Anderen kann ich nicht
ändern. Bei mir muss ich anfangen, nicht dem Anderen die Schuld
in die Schuhe schieben und mich selbst bemitleiden. In der Opferrolle möchte ich nicht bleiben und auch andere nicht dafür verantwortlich machen. Hört sich toll an, ist aber so schwer.

Ich begann in meinem Tagebuch aufzuschreiben, wer und was mich
in meiner Kindheit und später verletzt hatte, und vergab diesen
Menschen schriftlich. Es tat weh, das genau zu formulieren, und ich
schrieb unter anderem dieses Gebet: *„Herr, lass mich nicht nur verges-*
sen, was mich verletzt hat, lass mich wirklich vergeben. Vollende in mir,
was du begonnen hast, und heile mich."

Wenig später steht in meinem Tagebuch: *„Habe ich mich so verän-*
dert? Ist es wirklich so, das meine Veränderung nicht erwünscht ist? Bin
ich in einer Schublade, aus der ich nicht herauskommen soll? Ich lerne,
mich abzugrenzen und Konflikte anzusprechen. Aber warum kostet es so

viel Kraft, über den eigenen Schatten zu springen? Andreas spricht von einer Metamorphose bei mir."

Ein Urlaub in England tat gut, weil er viele Gedanken zur Ruhe kommen ließ. Auch in Träumen arbeitete ich viel auf. Mein Leben in Berlin war sehr intensiv geworden. Ich nahm viele neue Herausforderungen auch außerhalb der Familie und Ehe an und genoss es, mehr eigene Bereiche und intensive Beziehungen zu haben. Eine englische Freundin machte mir Mut. Nach ihrer Pensionierung als Lehrerin nahm sie die Herausforderung an und ließ sich zur Bürgermeisterin ihrer Kleinstadt wählen. Viele neue Aufgaben und neue Beziehungen bereichern nun ihr Leben. Der Austausch mit ihr tat mir gut.

Ausgerechnet in dieser Zeit sollten mein Mann und ich für ein anderes Ehepaar einspringen und einen Vortrag über das Thema „Wenn der Lack bröckelt ..." zum Thema Ehe halten. Auf was hatte ich mich da nur eingelassen! Wie oft wollte ich bei der Vorbereitung die Brocken hinschmeißen! „Wer auf dem Wasser gehen will, muss aus dem Boot steigen", las ich. Wir formulierten und sprachen bei diesem Vortrag aus, was uns noch lange beschäftigen sollte. Denn auch in unserer Ehe kam immer mehr in Bewegung, und das heftig. Wir stritten viel.

„Warum muss ich auch in dieser Beziehung kämpfen? Andreas ist auch nicht immer hilfreich, da er seinen Gedanken unverblümt Ausdruck verleiht, mich ins Schwimmen bringt, mich wieder von Neuem in Frage stellt, trotzig werden und in falschem Ton ihm und den Kindern gegenüber reagieren lässt."

Angst vor erneuten Auseinandersetzungen mit meinem Mann bestimmten mich. Nicht nur ich wurde in Frage gestellt. Schon längere Zeit stellte ich gewohnte, lieb gewordene und allzu bequeme Wege in Frage. Ich brach aus dem engen Rahmen der Familie heraus, unsere Kinder wurden selbständiger, freuten sich über eine nicht allzu präsente Mutter, und meine Freiräume genoss ich. Meinen Mann überraschte und verunsicherte ich mit dieser Entwicklung. Ich war nicht mehr allzeit verfügbar, war nicht immer gedanklich anwesend, weil mich andere Menschen und Aufgaben auch zu Hause in Bewegung hielten. Er reagierte eifersüchtig und mit unbestimmten Ängsten. Ich fühlte mich eingeengt, kontrolliert und sah meine Freiheit beschnitten. Viele Auseinandersetzungen drehten sich im Kreis, beherrscht von Wut auf den anderen. Keiner von uns war in der Lage, die richtige Abfahrt aus dem Kreisverkehr zu nehmen.

In dieser Zeit kamen starke körperliche Beeinträchtigungen bei meinem Mann hinzu, die unsere Situation nicht gerade vereinfachten. Er fühlte sich von mir zurückgesetzt und sah hilflos einer Frau zu, die sich veränderte. Seine Wut kam in vielen Alltagssituationen zum Ausdruck. Mir machten Worte von Verena Kast Mut weiterzugehen: „Auch wenn sich das Leben schöpferisch verändert, bedeutet das nicht, dass es einfacher zu leben ist, im Gegenteil. Es wird lebendiger."[2] So empfand ich es auch. Ich nahm jeden meiner Atemzüge und alles Leben um mich herum intensiv wahr. Ich fühlte mich sehr lebendig, auch wenn vieles weh tat.

Ich ziehe die Ungewissheit des Weges der Gewissheit des Karussels vor.

Ein paar Tage allein auf Rügen ließen mich eine Standortbestimmung vornehmen. Ich lag in der Sonne, schaute vom Felsen auf das Meer und las, „dass Geduld eine Grundvorrausetzung für Veränderung ist", und: „Für gewöhnlich reagieren alle Familienmitglieder mit heftigen Ängsten, wenn ein Familienmitglied aus alten Beziehungsmustern ausbricht."[3] Dieses Buch tröstete mich, half mir, konkrete Schritte zu tun, und ermutigte mich weiterzugehen. Bei einem Abstecher von Rügen nach Hiddensee kaufte ich mir einen Ring – ein äußeres Zeichen, das mir Mut zusprechen soll, wenn der Weg nicht weiterzuführen scheint.

[2] Verena Kast, Der schöpferische Sprung. Vom therapeutischen Umgang mit Krisen, München 1994[5]
[3] Harriet G. Lerner, Zärtliches Tempo. Wie Frauen ihre Beziehungen ändern, ohne sie zu zerstören, Frankfurt 2001.

Meine Gedanken drehten sich oft im Kreis und meine Gefühle liefen Sturm, nachdem wir mal wieder verletzend miteinander umgegangen waren. Ich litt sehr darunter. Meine Zweifel wuchsen, und ich stellte meine Schritte in Frage. Aber es hilft mir immer, wenn ich die Aufgaben, die mir vor die Füße fallen, anpacke. Ich spüre, dass ich Gaben geschenkt bekommen habe, die ich „auswickeln" darf. Unsere Gemeinde ist ein Ort, wo ich „mich ausprobieren darf" und entfalten kann. Ich möchte nicht mehr zurück.

Unsere Ehe braucht eine neue Definition, und ich spüre, dass mein Mann mit meinem Tempo nicht Schritt hält. Bei ihm ist vieles beim Alten geblieben, beruflich ändert sich nur noch wenig, und körperlich kommt er an seine Grenzen. Seine Wut auf mich zehrt an meinen Kräften, zeigt mir aber auch eingefahrene Muster der Konfliktlösung auf, die uns nicht weiterbringen und wenig hilfreich sind. Wir brauchen beide eine neue Standortbestimmung.

Freundinnen sind kostbar. Ich darf einfach bei ihnen „reinschneien", mit ihnen reden und beten. Mit anderen bleibe ich dank Telefon auch über weite Strecken in Verbindung. Hilfe von außen tut gut.

Endlich finde ich den Mut, konsequent aus heftigen und unproduktiven Konflikten mit meinem Mann auszusteigen und später konstruktiv gemeinsam weiter an einer neuer Zielrichtung für unsere Ehe zu arbeiten. Wie schwer ist es doch, alte Muster abzulegen! Mir wird deutlich, wie viel Prägung aus der Kindheit beim Umgang mit Konflikten ich mit mir herumschleppe. Die vielen kleinen und großen Schritte der Veränderung machen mich glücklich. *„Ich fühle mich nicht mehr in der Opferrolle",* schreibe ich in mein Tagebuch. Wieder empfinde ich den „Schwindel der Freiheit", von dem Kierkegaard spricht.

Achte auf deine Gedanken. Sie sind der Anfang deiner Taten.

Bei vielen anderen Dingen übe ich immer noch, meine Wünsche und Bedürfnisse klar zu formulieren, Nein zu sagen und unausgesprochene Erwartungen nicht immer zu erfüllen. Ich lerne, mich abzugrenzen, und möchte nicht für alle „die liebe Ute" oder „die liebe Mama" sein. *„Ich habe Angst vor Disharmonie, steige aber in Konflikte ein, um Ungeklärtes zur Sprache zu bringen. Andreas beschreibt mich als hart und wenig aufmerksam ihm gegenüber. – Ich bin nicht mehr die Frau, die du geheiratet hast, Andreas."*

Das heißt auch, nach einer schlaflosen Nacht durchzuhalten und morgens die Moderation des Gottesdienstes zu machen, obwohl ich an mir zweifle und mich in Frage stelle. Am liebsten würde ich in der Nacht jemanden anrufen, der mir die Aufgabe abnimmt. Aber welchen Frieden erfahre ich dann, als ich mir die Gegenwart Gottes im Segen selber zuspreche. Ich zittere heute noch, wenn ich an diesen Gottesdienst denke.

Lesen ist meine Leidenschaft und Bücher sind etwas, woran ich mich festhalten kann. So finden sich in meinem Tagebuch viele Zitate. Anselm Grün schreibt in seinem Buch zur Lebensmitte: „Um reifer zu werden, um in den eigenen Seelengrund zu kommen, muss man sich durch die Enge von zwei Steinen hindurchwinden, man kann nicht ständig neuen Methoden menschlichen und geistlichen Reifens nachlaufen. Das wäre nur eine Flucht vor dem Gedränge. Irgendwann einmal muss man den Mut haben, auch wenn man dabei die alte Haut verliert, auch wenn man Wunden und Schürfungen dabei erleidet. Entscheidungen engen ein. Aber ohne diese Enge zu durchschreiten, wird man nicht reif, nicht neu. Der äußere Mensch muss aufgerieben werden, damit der innere von Tag zu Tag neu wird."

Wie dankbar bin ich, dass Papier geduldig ist: *„Vieles, was ich lese, entlastet mich. In der Lebensmitte drängen sich offenbar manche ungelebten Seiten der Persönlichkeit nach oben. Ich muss mich nicht schuldig an dieser Entwicklung fühlen. Wahrscheinlich habe ich durch mein Tun etwas losgetreten, aber ich bin für diesen Prozess nicht verantwortlich. Das zeigt mir auch die Deutung des Märchens „Der Pfiffigste" von*

Verena Kast. Hier geht die Frau los, um ihrer Beziehung eine neue Perspektive zu geben. Ich möchte diesen Weg weitergehen, weil wir sonst in einer Sackgasse landen würden."

Warum ist Mut wichtiger als Schokolade? Ich esse wahnsinnig gerne Schokolade und habe fast immer einen Geheimvorrat. Aber Schokolade drückt für mich Genuss und Bequemlichkeit aus, ein Es-sich-auf-dem-Sofa-gemütlich-Machen. Aber es bewegt sich nichts ohne Risiko. Und an manchen Stellen in meinem Leben war es wichtig, die Gelegenheit beim Schopf zu fassen, eine Entscheidung zu treffen, Mut zu zeigen.

Unrecht tut oft derjenige, der etwas nicht tut, nicht nur der, der etwas tut.
Marc Aurel

Ich habe immer noch viele Ängste, aber ich habe sie besser kennen gelernt. Harmonie möchte ich nicht um jeden Preis. Auseinandersetzungen haben mich dazu gebracht, näher hinzuschauen und meine Ängste zu benennen. Denn Angst und Wachstum gehören so unlösbar zusammen wie die Blume und der Regen.

Unser jüngster Sohn ist Neuem gegenüber nicht gerade aufgeschlossen. Ein dickeres Buch zu lesen, traute er sich nicht, er könnte es ja nicht schaffen. Am besten also gar nicht erst anfangen. Ich habe ihm das erste Kapitel eines Harry Potter-Bandes vorgelesen. Den Rest des Buches mit ein bisschen Mühe selber zu lesen, war dann kein Problem mehr. Man muss nur anfangen – oder jemanden haben, der einem auf die Sprünge hilft.

Letzte Woche hat mir mein Mann ein großes Geschenk gemacht: Er hat sich dafür bedankt, dass ich so viel für unseren gemeinsamen Weg getan habe.

Vaters Pläne – Tochters Leben

Eigentlich schien alles so perfekt. Die Wohnung unter dem Dach hatte einen eigenen Eingang. Sie war fix und fertig renoviert. Eine gepflegte Wohngegend im Berliner Westen, Ende der Achtziger Jahre – ein Traum angesichts der langen Bewerberschlangen bei den Maklern.

Als Ellens Vater die Wohnung ausbaute, schmiedete er in seinem Kopf den Plan, dass eines Tages seine Tochter mit Mann dort einziehen sollte. Wofür sonst mühte er sich denn so?

Und als dann der Vater starb und die Mutter allein zurückblieb?

„Es ist so schwer gegen alle Erwartungen und die scheinbare Vernunft zu handeln. Wie sollte ich erklären, dass ich mich beim Makler in die Warteschlange einreihe, obwohl ich eine Traumwohnung beziehen könnte? Dennoch: Ich wusste genau, dass nur ein Wegzug mich wirklich erwachsen werden lassen würde. Es meiner Mutter zu sagen – dafür brauchte ich wirklich Mut. Aber noch heute bin ich ja so froh, dass ich mich auf den Weg der Selbstständigkeit gemacht habe! Ehrlich gesagt: Ich fand mich damals aber auch sehr, sehr mutig."

Verraten und verkauft –
Lebensmut trotz Missbrauch

Eine Frau (39), die anonym bleiben möchte, ist Erzieherin und allein erziehende Mutter eines Kindes.

Mit dem Wind im Rücken – bei mir ist es eher die Hand im Rücken. Gottes Hand, die mich behutsam, aber bestimmt in die für mich richtige Richtung lenkt. Ich kann sie wirklich spüren, warm und tröstend schiebt sie mich voran. Bevor ich dies so fühlen konnte, musste einiges in meinem Leben geschehen.

Wie stelle ich mich meiner Vergangenheit, die aus zwölf Jahren Missbrauch durch meinen Stiefvater besteht? Wie kann ich meine Beziehungen zu den Männern in meinem Leben – aus Sehnsucht nach Liebe geboren und jedes Mal gescheitert – aufarbeiten? Ich habe einen inzwischen 13-jährigen Sohn. Was haben die von ihm miterlebten Beziehungsabbrüche und Verletzungen in ihm zerstört? Die Familienkontakte sind verkümmert. Meine Mutter lebt nach wie vor mit dem Täter zusammen, den Kontakt zu ihr habe ich vor fast 20 Jahren abgebrochen. Meinen leiblichen Vater und seine Frau habe ich mit 17 Jahren kennen gelernt, anfangs war der Kontakt innig, doch heute ist das Verhältnis aufgrund unterschiedlicher Lebenshaltungen und Ansichten manchmal angespannt. Die Kontakte zu Geschwistern (leiblichen, Halb- und Stiefgeschwistern) sind zeitweise intensiv, doch nie gleichbleibend lebendig.

Egal, wie viele Jahre ich versuchte, mit meinem dunklen Durcheinander zu leben, es gelang mir nicht. Irgendwann kam immer wieder der Punkt, an dem ich auf meine Kindheit, mein Trauma, das mich daran hinderte, am Leben wirklich teilzunehmen, zurückgeworfen wurde.

Doch warum änderte sich in all den Jahren der Erkenntnis über die Unglücksursachen nie etwas?

Das Maß war noch nicht voll. Es war erst voll, als mir eines Tages aufging, dass die Beziehung, die ich gerade beendet hatte, die maximale Übertragung meiner traumatischen Kindheitserlebnisse darstellte:

Der Psychotherapeut einer Erziehungsberatungsstelle, in die ich für eine Zeit zu Einzelgesprächen ging, nahm einige Jahre nach Abschluss der Beratung Kontakt zu mir auf, und wir gingen eine intime Beziehung ein. Weshalb ich darauf einging und auf welche Weise dieser Mensch das Wissen um mein Trauma für sich nutzte, um mich zu benutzen, wurde mir im ganzen Umfang erst im Laufe meiner späteren Therapie deutlich.

Und da fängt die Sache mit dem Mut an. Ich stand am Wendepunkt: Entweder ich schaute mir jetzt einmal gründlich an, was in meinem Leben schief lief, um die Arbeit an den Problemen aufzunehmen, oder ich blieb in meinem alten Leben gefangen.

„Überleben!", das war mein unbewusstes Lebensmotto geworden. Mich daran zu halten, schien mir eine sichere Sache zu sein. Auf die Qualität meines Lebens konnte ich nicht achten, irgendwelche Ansprüche zu haben, war mir zwischen meinem fünften und siebzehnten Lebensjahr ausgetrieben worden. Außerdem war ich ja all die Jahre auch immer irgendwie klargekommen. Ich war eine prima Verdrängungskünstlerin.

Aber jetzt war es mir, als hätte jemand, der mir sehr zugetan ist, ein paar neue Schuhe vor meine Tür gestellt. Ich musste mich entscheiden: 1. Nehme ich sie an? 2. Falls ja – riskiere ich die Unbequemlichkeit möglicher Druckstellen, bis sie eingelaufen sind?

Anfangs wurden Zweifel meine Begleiter: Mit 36 Jahren eine Therapie anfangen? „Besser spät als nie" – stimmt der Spruch? Was kann sich da noch ändern? Bin ich nicht selbst schuld an meinem Unglück? Werde ich es aushalten, in die „Dunkelkammer" meines Lebens zu schauen? Wer ist bei mir und hält mich, wenn ich ganz am Boden bin? Zu wem kann ich mit meinem „Dreck" gehen?

Ein Stein kam ins Rollen. Bei einem Gottesdienst in meiner Gemeinde wurden alle Anwesenden eingeladen, zum Altar zu gehen und einen Stein als Symbol für persönliche Bitten, Sorgen oder Ähnliches in ein Gefäß zu legen. Mitten im Gottesdienst aufzustehen und nach vorn zu gehen, so etwas konnte ich nicht. Doch an diesem Tag zog es mich. Ja, alle meine Lasten in dieser Form Gott geben, das wollte ich.

Für mich selbst versuchte ich es still in Worte zu fassen: „Herr, ich komme zu dir, mit allem, was mich die vielen Jahre so beschwert hat. Ich kann diese Lasten nicht mehr tragen. Nimm du meinen Kummer fort und hilf mir aus meinem Unglück."

Eigentlich wollte ich diesen Stein nicht vorsichtig in das Gefäß legen, ich hätte ihn am liebsten Gott vor die Füße geworfen.

Schon in der Nacht, die diesem Gottesdienst folgte, geschah etwas für mich kaum Fassbares: Ich bekam eine Antwort! Ich lag sehr lange wach und konnte keine Ruhe finden. Schließlich fing ich zu beten an und befand mich bald in einem fast endlosen Zwiegespräch mit Gott. Ich hatte das Gefühl, dass immer mehr Türen zu meinem innersten Elend geöffnet wurden. Fragen und Antworten, Erkenntnisse und Trugschlüsse wurden mir in einer solchen Geschwindigkeit klar – so schnell konnte ich gar nicht mitdenken.

Plötzlich kristallisierte sich ein Gefühl deutlich heraus: Ich fühlte mich, auf meine Kindheit blickend, verraten und verkauft. Drei Väter hatten mich verraten: mein Stiefvater, der mich zerbrach, mein leiblicher Vater, der mich allein ließ, und der himmlische Vater, der mich nicht erhörte, obwohl ich Tag und Nacht zu ihm rief. Doch dann durchzuckte mich die Gewissheit: Das stimmt nicht! Gott hat mich nicht verraten, er war nie fort von mir! Ich wusste mit einem Mal, dass er all die Zeit bei mir gewesen war und bei allem Schrecklichen noch Schlimmeres von mir ferngehalten hatte: Verschleppung, Prostitution, Drogen, die „Gosse", Mord, Selbstmord. Ich hatte mich jahrelang gefragt, wo Gott war, warum er solche Dinge geschehen ließ – er, der Allmächtige. Hatte ich nicht richtig gebetet? Wurde ich bestraft? Warum musste ich das erleben?

In dieser Nacht wurde mir bis in den letzten Winkel meiner Seele deutlich, dass Gott all die Zeit über mich gewacht hatte. Das hatte ich zuvor niemals gespürt.

Am nächsten Tag wurde ich von Alltagsdingen eingeholt, da ich Reisevorbereitungen für einen Osterurlaub treffen musste, und ich schob mein nächtliches Erlebnis erst einmal beiseite. Doch damit sollte ich nicht weit kommen. Am nächsten Abend rief mich eine Freundin an, und als sie hörte, dass ich verreisen wollte, ließ sie sich nicht abwimmeln: Sie habe einen Bericht aus einer christlichen Zeitschrift kopiert, den müsse ich unbedingt lesen! Sie werde den Artikel ganz kurz vorbeibringen, wolle auch nicht stören, sie habe einfach beim Lesen immer wieder an mich denken müssen ... Kurze Zeit später stand die Freundin vor meiner Tür und reichte mir den Artikel. Was soll ich sagen? Der Titel des Berichts lautete: „Verraten und verkauft". Mir war es, als spräche Gott: Wenn du es in dieser Nacht nicht begriffen hast, dann schicke ich dir einen Boten, der es dir auch noch mal schwarz auf weiß vorlegt. Vertraue auf meine Hilfe, du kannst anfangen, dein Leben zu verändern und heil zu werden.

Der Engel, nach dem ihr ausschaut, er ist schon unterwegs.
Maleachi 3,1

Ich zog meine Freundin in die Küche und erzählte ihr von meinem Erlebnis – wir waren beide von Gottes Gegenwart angerührt. So kann es also aussehen, wenn Gott antwortet.

Von einem befreundeten Paar hörte ich Gutes über eine christliche Therapeutin, die sich intensiv mit traumatisierten Menschen beschäftigt, und sie gaben mir ihre Telefonnummer. Nach dem Urlaub wollte ich mit ihr Kontakt aufnehmen, aber schon der Griff zum Telefonhörer war schwierig, denn nun wurde meine Not greifbar und offensichtlich. Ich fühlte mich schwach, wund und hilfsbedürftig. Ich zog meine Hand zurück, das Telefongespräch schien mir eine unüberwindbare Barriere zu sein. Ich zitterte, war furchtbar aufgeregt und konnte nicht glauben, das so etwas Alltägliches wie ein Anruf einfach nicht möglich war! Da hilft nur noch beten, dachte ich, ehe mich der letzte Mut verlässt ... Ich bat Gott um Kraft, damit ich nicht einfach wieder auflegte, sondern mein Anliegen vorbringen und einen Termin vereinbaren konnte. Langsam wurde ich ruhig, mein Mut wurde wieder größer und ich konnte diesen ersten Schritt gehen.

Wie viele Schritte bin ich seitdem gegangen! Meine große Angst vor Beginn der Therapie, ich könnte zusammenbrechen und unfähig sein, mein Kind zu versorgen oder arbeiten zu gehen, hat sich nie bestätigt. Meine Therapeutin sagte am Anfang meiner Therapie zu mir: „Sie haben in einem unmenschlichen, unbarmherzigen Krieg trotz schwerster, an und für sich todbringender Verletzungen Tausende von Kilometern zurückgelegt und sich dann noch ein Haus gebaut!" Und sie meinte damit mein Leben vor der Therapie! Das erfüllt mich mit Stolz und Freude, denn meine Selbstwahrnehmung war jahrelang eine ganz andere gewesen: Ich war nichts, konnte nichts und lebte ein wertloses Leben. Daran änderten auch sehr gute Noten, beruflicher Erfolg, Menschen die mich schätzten, und ein wunderbares Kind nichts. Ich empfand das so, und die reale Einschätzung meiner Lebenssituation erreichte mich innerlich nie.

Was hat sich verändert? Ich bin jetzt sehr glücklich darüber, dass ich die vielen Belastungen, die ein normaler Alltag mit sich bringt, meistere. Unglückliche Umstände, die mir vor der Therapie den Boden unter den Füßen weggezogen hätten, bringen mich nicht mehr zur Verzweiflung, ich suche gelassen und besonnen nach Lösungen. Ich kann sagen, dass ich mich in Konfliktsituationen, z. B. am Arbeitsplatz, nicht mehr so schnell aus der Ruhe bringen lasse. Ich schaffe es, meine Ansichten selbstbewusst zu vertreten, und bin nicht mehr darauf angewiesen, von allen gemocht zu werden. Jetzt heißt es schon mal: Sarah, was ist denn mit dir los? Sonst warst du immer so lieb und verständnisvoll und man konnte dich um alles bitten. Jetzt haben wir das Gefühl, wir müssen mit dir vorsichtig sein – so kennen wir dich gar nicht. Ganz richtig! Ich habe die Grenzen versetzt, schütze mich vor übergreifendem Verhalten anderer und bin oft selbst überrascht, dass ich wegen dieser neuen Kratzbürstigkeit von anderen nicht weniger gemocht werde. Ganz im Gegenteil: Offensichtlich wird ein neues Profil für meine Mitmenschen sichtbar und ich erfahre einen respektvolleren Umgang mit meiner Person.

Eine wichtige Entscheidung traf ich gleich zu Beginn der Therapie: Ich setzte den Arbeitgeber des Therapeuten, der sein Wissen über mich missbraucht hatte, von der Beziehung in Kenntnis. Inzwischen wusste ich, dass er schon mit der Kontaktaufnahme zu mir gegen berufsethische und moralische Grundsätze verstoßen hatte. Außerdem musste er sich dem Vorwurf des Amts- bzw. Datenschutzmissbrauchs stellen, da er meine Adresse aus der Therapiezeit für private Zwecke notiert und genutzt hatte. Seitens des Arbeitgebers sowie der Dienstherren auf Bezirksamtsebene war man über das Verhalten des Therapeuten empört, leider aber auch ein wenig ratlos, welche Konsequenzen zu ziehen seien, da es in Deutschland für diese Fälle wohl nicht ganz eindeutige Bestimmungen gibt. Dennoch habe ich mich nicht entmutigen lassen. Bisher wurde der Therapeut abgemahnt, mit dem Beauftragten für Datenschutz stehe ich noch in Briefwechsel.

Meine Selbstzweifel und Unwertgefühle sind fort. Ich achte auf mich und versuche selbstschädigende Tendenzen frühzeitig zu erkennen und abzuwenden. Solange meine Wahrnehmung verkümmert war, konnte ich nicht einschätzen, was wirkliches Unglück war und was nur ich als Unglück empfand. Andererseits erfasste ich Begebenheiten intuitiv, redete mir aber das, was ich empfand, immer selber wieder aus. Das hat sich verändert: Ich kann mich auf mein Gefühl verlassen und habe gelernt, Geschehnisse objektiv zu beurteilen. In meiner Therapie schaute ich auf alles, was hinter mir liegt, bekomme Hinweise auf die Ursachen meiner Probleme und erhalte die Möglichkeit, mein gegenwärtiges Handeln neu zu überdenken. Das bedeutet, dass ich das erlebte Trauma und seine Folgen neu interpretiere, zum Beispiel mit Sätzen wie diesen:

Damals trug ich keine Verantwortung für das Geschehen, doch heute nehme ich Verantwortung für mich und mein Leben wahr!

Damals bestimmten andere über meinen Körper, doch heute be-

stimme ich selbst und entscheide, wen ich in meine Nähe lasse!
Es gibt viele solcher Sätze, die mir schon sehr geholfen haben.

Manchmal denke ich: Wie gerne hätte ich eine andere Kindheit gehabt, eine andere Biografie zu erzählen! Aber ich bin durch die Summe all meiner Erfahrungen, guter wie schlechter, die Frau geworden, die ich heute bin. Ich bin sehr stolz auf mich und dankbar, dass ich mich als wertvolle Tochter Gottes betrachten darf.

Während der Therapie bekam ich immer wieder mal einen Bibelvers mit auf den Weg. Ich finde es oft tröstend, dass in Gottes Wort, vor so langer Zeit geschrieben, Worte für mich ganz persönlich stehen. Eines davon findet sich im Buch Hiob:
„Denn du wirst die Mühsal vergessen, wirst an sie denken wie an vorbeigeflossenes Wasser – und heller als der Mittag wird dein Leben aufgehen. Mag es finster sein – wie der Morgen wird es werden. Und du wirst Vertrauen fassen, weil es Hoffnung gibt." (Hiob 11,16ff)

Abgestürzt und aufgefangen – Eine Sportlerin startet neu

Silke Schwarz (33) ist Landschaftsarchitektin und arbeitet mit dem Schwerpunkt „Barrierefreies Planen und Bauen" im ehemaligen Kloster Malgarten bei Bramsche im Osnabrücker Land.

Helikopter-Skiing – die meisten Leute wissen wahrscheinlich gar nicht, was sich hinter diesen Worten verbirgt. Für mich bedeutete es: unberührter Tiefschnee, herrliche Snowboard-Abfahrten, unbeschreibliche Landschaftseindrücke. Eine sportliche Herausforderung! Ein bisschen verrückt? Vielleicht. Aber ich war jung, erst 23, Studentin und einfach sportbegeistert, als ich mir diesen Traum erfüllte. Wir waren eine Gruppe von 30 Leuten, die von einem Helikopter in die pure Natur des Kaukasus hinuntergelassen wurden. Ein Traum wurde Wirklichkeit – für eine kurze Zeit.

Dann wurde aus dem Traum ein Alptraum. Der Tiefschnee, durch den ich in schnellen Bewegungen gleitete, hatte eine Gletscherspalte verdeckt. Unter mir öffnete sich plötzlich der Boden. Es war ein Gefühl, als ob eine Falltür aufginge. 15 Meter freier Fall in die eisige, dunkler werdende Tiefe ...

Während des Sturzes fiel ich in eine kurze Ohnmacht. Nach dem Erwachen spürte ich Schmerzen am ganzen Körper. Aber ich spürte ihn! Ich löste mein Snowboard und setzte mich vorsichtig auf einen Vorsprung aus Eis. Ich war gefangen in einem riesigen, dämmrigen Kühlschrank. „Ich bin im falschen Film", durchzuckte es mich mehrmals. Und gleichzeitig packte mich die Erkenntnis: „Jetzt sterbe ich!"

Nach einer ich weiß nicht wie langen Zeit – in Wirklichkeit waren es „nur" etwa 30 Minuten – drang die Stimme unseres Bergführers an mein Ohr. Ich konnte gerettet werden!

Eine für alle gefährliche Aktion wurde gestartet, um mich durch die schmale Gletscherspalte nach oben zu ziehen. Dann folgte der schwierige Versuch, mich in den Helikopter zu heben. Der Aeroflot-Hubschrauber schwebte in der Luft, da er vor Ort nicht landen konnte. Die Retter versuchten, mich auf ihren Händen durch die Ladeluke in den Helikopter hinein zu reichen. Gerade in dem Moment, als ich halb drinnen war, riss eine heftige Windböe den Hubschrauber zur Seite. Die Retter fielen in den Schnee und mussten mich loslassen, ich wurde nur von den beiden Sanitätern im Frachtraum an den Füßen festgehalten und hing mit dem Kopf nach unten über der Hubschraubertreppe. Mein Rücken wurde dabei völlig überdehnt. Grausame Schmerzen rasten durch meinen Körper. Gefühllosigkeit blieb zurück. Ich war plötzlich wie von meinem Unterkörper abgeschnitten.

Mein Fall in die Gletscherspalte wäre beinahe glimpflich verlaufen. Die Ärzte konnten später rekonstruieren, dass ich durch den Sturz wohl nur einen Haarriss an der Wirbelsäule erlitten hatte. Nun war ich aufgrund des Unfalls bei der Rettungsaktion querschnittgelähmt.

Ein Arzt in Deutschland – ich war nach vier Tagen aus Russland ausgeflogen worden – sprach aus, was in drei Wochen Krankenhausaufenthalt bisher unausgesprochen in der Luft gelegen hatte. Er kam in mein Zimmer, stellte sich an mein Bett und sagte schlicht: „Auch ein Leben im Rollstuhl ist lebenswert." Das war sie nun, die Klarheit. Die dumpfe Ahnung war Gewissheit geworden, die Zukunft hatte einen Namen: Querschnittlähmung.

Natürlich rebellierte ich, stellte all die Fragen: „Warum ich?" – „Warum fast gerettet und dann das?" – „Wie soll ich damit jemals leben?" Ein Wirrwarr von Gefühlen erreichte mich: Mal war ich wütend, dann wieder verzweifelt, ein anderes Mal fühlte ich mich hilflos wie ein kleines Kind, und manchmal war da nur eine große Leere.

Irgendwann in diesen Wochen wurde mir klar, dass Menschen jetzt nichts mehr ausrichten konnten. Also richtete ich mich an die nächste Instanz, von der ich nicht sicher wusste, ob es sie überhaupt gibt: „Gott, wenn es dich gibt, dann will ich, dass du dich mir zeigst!" Ich wollte eine ganz sichere Auskunft darüber, ob es ihn gibt und, falls ja, ob er mir Antworten auf meine Fragen geben konnte.

Meine Familie kam oft zu Besuch. Ich sah ihre Not, ihren Kummer. Ich war wieder ein kleines Mädchen – hilflos, pflegebedürftig, abhängig. Das wollte ich auf keinen Fall bleiben. Ihr Kummer sollte auch dadurch nicht noch größer werden, dass ich nicht mit meinem Schicksal klarkam. Ich hatte Angst, eine unausstehliche Zicke zu werden, die mit ihrem Schicksal hadert. Alles, nur das nicht! Und es stellte sich eine Sehnsucht ein: Ich wollte ein sinnerfülltes, schönes Leben führen. Ich wollte nicht der Bitterkeit Raum geben. Mein Lebensmut sollte sich ganz neu entfalten.

Der Unfall liegt nun 10 Jahre zurück und es verblüfft mich immer wieder, wie viel wir mit Entscheidungen, die wir in unserem Kopf fällen und die dann in unser Herz rutschen, verändern können, welche Weichenstellungen sie bedeuten. Egal, ob wir unsere Beine bewegen können oder nicht, die eigentlichen Bewegungen geschehen woanders – im Kopf und im Herz.

„Bring mir meine Bibel von zu Hause mit", bat ich eines Tages, als ich in der Reha-Klinik war, meine Mutter. Wo sonst als in der Bibel sollte ich meinen Fragen nach der Existenz Gottes nachgehen? „Nun zeig dich mal, wenn es dich gibt!" – Manchmal war und bin ich richtig frech in meinem Ton Gott gegenüber.

Eines Tages kam ein neuer Pfleger in mein Zimmer. Er sah mich in der Bibel lesen und fing an, mir von seinem besten Freund, Jesus Christus, zu erzählen. So sah also Gottes Antwort auf meine Fragen, auf mein Suchen nach ihm aus – ganz menschlich! Da kommt ein Pfleger zur Tür hereinspaziert, und von Stund an hört einer zu, hält meine Fragen aus und gibt Antworten, erzählt von Jesus als realer Person, die für mich gelitten hat und gestorben und auferstanden ist – für mich ganz persönlich!

Nach einiger Zeit und inneren Kämpfen konnte ich Gott „zulassen" oder noch besser: „hereinlassen" in mein eigenes Leben, in mein Herz. Diese Entscheidung hatte auch etwas Nüchternes, weil mir klar war und ist: Ich kann nicht aus eigener Kraft als Krüppel leben. Im Moment der Entscheidung erfüllten mich ein tiefer Friede und eine große Freude, die ich seitdem immer wieder erlebe, wenn ich an Jesus denke.

Es ist eine Sache, sich in sein Los zu schicken, und eine andere, sich schicken zu lassen.
Bert Berkensträter

In der Rehabilitation lernte ich Menschen kennen, die ihren Weg trotz Unfallbehinderung scheinbar gut ohne Jesus meistern. Ich kann und will das nicht.

Von einem Moment zum anderen hatte sich durch einen Unfall mein Leben total gewandelt. Es brauchte Monate, um Perspektiven für das Leben „danach" zu entwickeln. Der wichtigste Schritt dahin war meine Neuentdeckung des Glaubens an den Gott der Bibel. Ein anderer wichtiger Schritt war es, die Saiten der Silke von „früher" neu zum Klingen zu bringen: Silke, die Energiegeladene, Silke, die Sportbegeisterte. Was hatte der Arzt gesagt: „Auch ein Leben im Rollstuhl ist lebenswert"? Also wollte ich so schnell wie möglich einen Rollstuhl „in Besitz nehmen": aus der Horizontalen zurück in die Vertikale. Ein gesunder Kopf und ein recht gesunder Oberkörper waren mir geblieben, genug, um schon bald wieder mein Studium aufzunehmen, genug, um den Rollstuhlfechtsport zu entdecken und schon nach kurzer Zeit der Faszination dieses Sports zu erliegen. Alles, was er fordert – Reaktionsstärke, Schnelligkeit, Disziplin –, trainierte ich intensiv. Aber dass ich dann, 14 Monate nach dem Start meiner Fechtkarriere, in Atlanta 1996 bei den Paralympics, der Olympiade der Sportler mit Handicap, die Goldmedaille im Damen-Degen-Einzel (Startklasse A) gewann, verblüffte mich wohl selbst am meisten.

Ja, ich wurde eine erfolgreiche Sportlerin. Ich spürte oft, wie Gott selbst mich stärkte, wie er aber auch immer wieder die nötige Gelassenheit und Abstand schenkte. Ob ich gewinne oder nicht, bestimmt nicht über meinen Wert, ja, ist letztendlich nicht wichtig.

Deshalb ist eine der schönsten Auszeichnungen, die ich bekommen habe, die „Fair-Play-Trophäe", verliehen von Innenminister Otto Schily. Und die Begründung? Weil ich so schön verlieren kann!

Einmal, während des Würth-Cups, eines jährlich stattfindenden Damen-Degen-Welt-Cups in Tauberbischofsheim, traf ich in der Mittagspause vor dem Finale mit Gott eine „Abmachung": Sollte es im Finale gegen meine bislang überlegene polnische Gegnerin unerwarteterweise 14:14 stehen, würde ich zum Mikrofon greifen und zu den mehr als 1200 Leuten in der Sporthalle sprechen. Tatsächlich kam es so: Ein total spannender Wettkampf lag hinter uns, wir hatten Gleichstand und es trennte uns beide nur ein Treffer vom Sieg. Gegen alle Regeln unterbrach ich das Gefecht und sprach zum Publikum. Ich erzählte, was wirklich wichtig ist im Leben, welche Werte zählen und wer durch alle Tiefen durchträgt: Jesus Christus. Es war mucksmäuschenstill. Danach griff ich wieder zu meinem Degen und kämpfte weiter.

Ob ich gewonnen habe? Ja, nach einem annulierten Treffer der Polin wurde ich Siegerin. Aber das war eben nicht das Wichtigste. Ich habe in diesem Leben den wichtigsten aller Siege ja schon errungen!

Protokoll: Claudia Filker